GOLDMANN

»Ich schreibe dieses Buch wie einen Brief an einen Freund.« So heißt es gleich zu Beginn. Und wie ein Brief auf Antwort wartet, so wartet dieses Buch auf Leser, die ihre ganz persönlichen Träume, Sehnsüchte und Hoffnungen in Anknüpfung an den Text von Martin Gray in diesen Band eintragen. Wer sich so zu eigen macht, was an meditativer Kraft in diesem Werk steckt, der wird entdecken, an Leib und Seele erfahren, wie Selbstvertrauen und Willenskraft, Lebensenergie und Liebesfähigkeit in ihm wachsen wie ein Baum, gepflanzt an Wasserbächen.

»Mir ging es bei Grays Buch wie einem französischen Rezensenten, der schrieb: ›Ich habe es mit einem vergleichbaren Gefühl gelesen wie bestimmte Stellen der Bibel.‹ Ich kenne wenige zum Leben so positiv stehende Bücher wie Grays Schriften.«

Neue Welt, Wien

Autor

Martin Gray, Jahrgang 1925, wächst als Sohn einer jüdischen Familie in Warschau auf. Bald nach dem Einmarsch der Deutschen in Polen wird er zusammen mit seiner Mutter und seinen Geschwistern in das Konzentrationslager Treblinka deportiert. Doch unter dramatischen Umständen gelingt ihm die Flucht. Als Partisanenkämpfer nimmt er am Aufstand des Warschauer Gettos teil. Von seinen Jahren des grausamen Überlebenskampfes legt der Autor in seinem Buch »Der Schrei nach Leben« Zeugnis ab.
Nach dem Krieg wird Martin Gray in Amerika erfolgreicher Geschäftsmann, zieht sich aber nach Südfrankreich zurück, um ganz für seine Frau und ihre vier gemeinsamen Kinder zu leben. Am 3. Oktober 1970 kommt seine ganze Familie bei einem Waldbrand ums Leben. Heute lebt er mit seiner zweiten Frau Virginia und drei Kindern in der Provence.
Für sein literarisches Werk wurde Martin Gray mit dem internationalen Dag-Hammerskjöld-Preis ausgezeichnet.

Als Goldmann-Taschenbücher liegen bereits vor:

Der Schrei nach Leben. Roman (8575)
Des Lebens Ruf an uns wird niemals enden (8883)

Martin Gray

Wie ein Baum gepflanzt an Wasserbächen

GOLDMANN VERLAG

Aus dem Französischen übertragen
von Anne-Christel Recknagel und Helmut Weigel
unter Mitwirkung von Una Pfau
Titel der Originalausgabe: Les forces de la vie
Originalverlag: Robert Laffont, Paris

Der Goldmann Verlag
ist ein Unternehmen der Verlagsgruppe Bertelsmann

Made in Germany · 1/88 · 1. Auflage
Genehmigte Taschenbuchausgabe
© 1981 by Kreuz Verlag Stuttgart
Umschlaggestaltung: Design Team München
Umschlagfoto: The Image Bank, Harald Sun, München
Druck: Elsnerdruck, Berlin
Verlagsnummer: 8930
UK · Herstellung: Ludwig Weidenbeck
ISBN 3-442-08930-1

Inhalt

Erster Teil: Wir wollen von Ihnen sprechen   7

  1. Sie haben das Buch aufgeschlagen   9
  2. Sie sind nicht mehr allein   27
  3. Dies ist ein einmaliger Augenblick   39
  4. Sie sind im Herzen der Welt   53
  5. Sie werden Sie selbst   75

Zweiter Teil: Die fünf Geheimnisse Ihrer Zukunft   95

  6. Machen Sie sich klar, was Sie wollen,
     handeln Sie so, daß man Sie liebt   97
  7. Wachen Sie über Ihren Lebensbaum   125
  8. Verschaffen Sie sich,
     was Sie zum Leben brauchen   141
  9. Wählen Sie die wahre, tiefe,
     dauerhafte Freude   161
10. Das fünfte Geheimnis   177

Dritter Teil: Sie werden sich entfalten   199

11. Die wohltuende Kraft
     Ihrer psychischen Energie   201
12. Entdecken Sie die Kräfte, die in Ihnen sind   219
13. Werden Sie schöpferisch, immer aufs neue   241
14. Sie brauchen Liebe   255
15. Zur Fülle des Lebens gelangen   283

Erster Teil

Wir wollen von Ihnen sprechen

1. Sie haben das Buch aufgeschlagen

Sie haben dieses Buch aufgeschlagen.

Denken Sie an all die Umstände, die Sie zu dieser so einfachen Geste veranlaßt haben. Sie kennen vielleicht meinen Namen. Sie wissen irgendwie, daß ich, gegen meinen Willen, ein außergewöhnliches Leben hatte. Oder Sie haben »Im Namen all der Meinen« gelesen oder »Des Lebens Ruf an uns wird niemals enden«, meine früheren Bücher.

Oder ein Freund hat Ihnen gesagt, daß Sie dieses Buch lesen müssen, das Sie jetzt in der Hand halten.

Es kann auch ein Zeitungsartikel, eine Radio- oder Fernsehsendung gewesen sein, die Sie auf diesen kleinen Band aufmerksam gemacht hat, in den ich das geschrieben habe, was Sie, wie ich glaube, lesen sollten.

Vielleicht – und das wäre noch geheimnisvoller – ist es auch der Zufall, der Sie zu diesem Buch hat greifen lassen, ohne daß Sie wissen warum; der Titel hat Sie ganz sicher angezogen, oder die Farbe des Umschlags.

Was auch die Gründe, die Kette von Umständen und Zufällen sein mögen, Sie haben das Buch vor sich, aufgeschlagen, und Sie werden es bis zu Ende lesen.

Aufmerksam und leidenschaftlich.

Nicht daß ich ein großer Romancier wäre, der die schönste und seltsamste aller Geschichten erzählt.

Ich will einfach mit Ihnen über Sie sprechen. Über Ihr Leben. Über die Weise, wie Sie es ändern können, wie Sie es erreichen können, daß sich Ihre Wünsche verwirklichen, daß Sie verstehen, Ihr Denken und Ihre Sehnsüchte den Bedingungen des Lebens anzupassen.

Ich will, daß Sie mit Beginn der Lektüre den Willen in sich wachsen spüren, sich selbst in die Hand zu nehmen, und daß jeder Satz, den Sie lesen, wie Wasser auf einer Pflanze sei. Daß er Ihnen helfen möge. Daß er Sie vorantreibe. Daß er die Stütze sein möge, zu der Sie greifen, um die Art und Weise zu verändern, mit der Sie Ihr Leben betrachten.

Ich will Ihnen helfen, in sich *die Energie und die Kräfte des Lebens freizusetzen.*

Träumen Sie einen Augenblick.

Erinnern Sie sich.

Sie haben in Ihrer Kindheit und Jugend, als Sie mit Welt und Gesellschaft noch im Einklang lebten, ungeheure Hoffnungen in sich getragen. In sich selbst. Hoffnungen auf das Leben. Sie haben geträumt. Und Sie träumen vielleicht noch immer, so hoffe ich, von einem anderen Leben. Oder wenn Sie auch keine tiefgreifenden und umfassenden Veränderungen in Ihrem jetzigen Leben wollen, so möchten Sie doch, daß sich gewisse Dinge bessern.

Träumen Sie einen Augenblick.

Wenn es möglich wäre, daß ...

Legen Sie in diesen Satz, den ich nicht zu Ende führe, Ihre geheimsten und tiefsten Wünsche.

Erinnern Sie sich an diese Wünsche, die Sie zum Schweigen gebracht haben, die Sie vergraben haben, weil Sie Ihnen mit zunehmender Welterfahrung unerfüllbar erschienen.

10

Und so verloren Sie unterwegs Ihre Träume und Wünsche im Laufe der Jahre.

Schauen Sie sich um.

Betrachten Sie, was Sie auf Ihrem Weg liegenließen. Diese Hoffnung auf Glück, auf Ruhe, auf inneren Frieden. Diese Fülle und diese Zartheit Ihrer Seele.

Oder auch diese Liebe, die Sie so sehr brauchen, auf die Sie verzichten zu müssen glaubten und auf die Sie nicht mehr hoffen. Stellen Sie sich einen Augenblick lang vor, Sie könnten noch einmal einige Schritte auf diesem Weg tun, könnten diese verlorenen und aufgegebenen Wünsche und Hoffnungen wieder aufnehmen und in sich keimen lassen.

Denken Sie an diese Möglichkeit.

Ich sage Ihnen: Nichts davon ist unmöglich.

Ich sage Ihnen: Wenn Sie es wollen, können Sie es.

Aber man muß es mit aller Kraft wollen.

Für lange Zeit.

Man muß von diesem Willen und von dieser Entschlossenheit erfüllt sein wollen. Sie müssen *Ihre Lebensenergie* freisetzen.

Sie können das nicht allein tun.

Sie brauchen eine Stütze, die Ihnen Halt gibt. Sie brauchen jemanden, der mit Ihnen spricht. Der weiß, weil das Leben seine harte und grausame Schule war, wie man Hoffnung in sich tragen muß. Wie man sich selbst kennen muß, ganz methodisch und wissenschaftlich, um alle Kräfte nutzen zu können, die in einem sind.

Um schließlich Sie selbst zu sein.

Denn man soll nichts anderes sein wollen als das, was man ist.

Hören Sie auf diese Stimme, die in Ihnen ist.

Sie allein können Sie hören. Sie sagt zu Ihnen: »Im täglichen Leben gelingt es dir nicht, dich so zu äußern, wie du gerne möchtest, wie du es empfindest. Wenn du handelst, wenn du sprichst, wenn du dich anderen anvertraust, sogar denen, die du liebhast, ja wenn du selbst davon sprichst, daß du liebst, hältst du dich oft zurück. Du bist nicht offen. Du erforschst nicht alle Bereiche deines Geistes und deines Körpers. Du würdest am liebsten davonrennen. Innerlich fühlst du dich leicht, offen, beweglich, und wenn du sprichst, wenn du handelst, wenn du gehst, merkst du plötzlich, daß du schwer bist, ungeschickt, wie ein Stotternder, der schnell reden will, der schnell denkt und doch nur sich überstürzende, kaum verständliche Laute herausbringt. Dabei weiß er, daß er in sich selbst doch gut spricht und das, was er sagen will, wichtig und wesentlich für die andern und lebensnotwendig für ihn selbst ist.«

Sie müssen aufhören, dieser stotternde Mensch zu sein. Es muß so weit kommen, daß Ihre Stimme vernehmbar wird. Diese Stimme, die so gut in Ihnen spricht, die manchmal, aber viel zu selten, aus Ihnen hervordringt – und wie froh ist man dann, wie gelungen die Kommunikation mit den andern; oft ist es das, was man Liebe nennt – diese Ihre Stimme muß immer vernehmbar sein. Sie müssen lernen, Ihre innere Sprache zu sprechen.

Die nur Ihnen gehört.

Und das wird Ihnen Frieden und Freude bringen.

Frieden und Freude.

Sie werden niemals vollkommen sein. Es lügt, wer behauptet: »Alles ist einfach. Die Welt wird glatt sein, und du wirst leicht über ihre Oberfläche gleiten wie Schlittschuhläufer, die unbeschwert ihre Figuren ins Eis ritzen.« Nein, weder die Welt noch die Freude noch der Friede werden vollkommen sein, sondern Ihre Art und Weise, die heutige Zeit zu betrachten und zu verstehen. Ihre Art und Weise, Frieden und Freude zu suchen, wird Ihnen ein inneres Gleichgewicht geben, das Ihnen unbekannt ist.

Kommen Sie, versuchen Sie es.

Sie legen das Buch auf den Tisch oder die Sessellehne, auf dieser Seite geöffnet. Lesen Sie noch einige Sätze. Sie stehen dann auf, öffnen Ihr Fenster, lassen die Arme hängen, die Handflächen nach außen geöffnet. Dann atmen Sie langsam durch die Nase ein. Bis Ihre Brust voll ist. Bis Sie das Gefühl haben, sich nicht weiter dehnen zu können. Dann stoßen Sie regelmäßig die eingeatmete Luft wieder aus. Tun Sie das fünfmal. Nehmen Sie sich Zeit. Gehen Sie zum Fenster, gehen Sie ...

Legen Sie das Buch hin.

Stehen Sie auf.

Atmen Sie langsam ein.

Atmen Sie tief aus.

Nun nehmen Sie das Buch wieder in die Hand. Sie fühlen sich wohler. Ich weiß es. Sie haben tief in Ihrer Brust ein Gefühl der Frische und bis in die Fingerspitzen die Empfindung einer gewachsenen Energie. Und doch ist die Welt um Sie herum die gleiche geblieben. Da ist das gleiche Zimmer, das gleiche Buch, das Sie in den Händen halten. Aber diese wenigen Minuten, die Sie der blinden Notwendigkeit entwunden haben, die Sie treibt; diese wenigen Atemzüge, die Sie willentlich und bewußt und nicht mehr wie eine Maschine getan haben, sie verändern Ihr Verhältnis zur Welt.

Denn Sie haben sich dazu *entschlossen,* Ihre Atmung zu *kontrollieren* und zu *kennen.* Sie haben diesen mechanischen und natürlichen Akt, den Sie in jeder Sekunde instinktmäßig tun, *Ihrem Willen unterworfen.*

Doch schon vergessen und verlieren Sie wieder die neue Frische und die neue Energie, von der Sie durchdrungen waren.

Wie sollte es auch anders sein? Sie haben die Kraft Ihres Geistes, Ihres Willens, nur für einige Minuten beansprucht. Und Sie wollen, daß sich gleich alles in Ihnen ändert?

Nichts im Leben ist für immer erreicht. Sie müssen sich wieder auf den Weg machen, die Anstrengung von neuem aufnehmen, damit sich allmählich Ihre Haltung verändert. Damit die Frische und die Energie bleiben. Damit Ihr Wille wie eine Feder aus gehärtetem Stahl in jeder Situation reagiert und Ihnen wieder auf die Beine hilft, wenn ein Ereignis, die äußere Welt, die Umstände Ihnen Leid verursacht haben, an dem Sie zu zerbrechen drohen.

Denn machen Sie sich keine Illusionen, es wird Ihnen oft schwerfallen, die Welt zu akzeptieren.
Sehen Sie, wie sie ist.
Hören Sie diese von Männern und Frauen so oft geäußerte Frage: »Wo führt das alles noch hin?«
Hören Sie meinen Zornesschrei.
Sehen Sie, hier zum Beispiel geschieht Unrecht. Da ist eine Frau, eine Mutter, die man ins Gefängnis bringt, weil sie eine lächerliche Summe nicht bezahlt hat. Und da ist der Dieb von Beruf, der sich in die Falten des Gesetzes hüllt, um nach außen gerecht zu erscheinen, um in Ehren und mit Beifall der Bestrafung zu entkommen.
Ich habe dieses Beispiel gewählt, weil ich das Gesicht dieser einfachen, schlecht frisierten Frau wieder vor mir sehe, mit ihren von der Arbeit geröteten Händen. Sie hatte mehrere Kinder. Sicher hatte sie vergessen, die Rate eines auf Kredit gekauften Apparates zu bezahlen. Die Justiz hat zugegriffen. Sie landete im Gefängnis. Einer ihrer Söhne, sich selbst überlassen und gedemütigt, hat sich das Leben genommen. Soll man hier nicht wütend werden?
Das ist unsere Welt.
Sie ist auch in diesen Bildern des Wahnsinns: In unseren Ländern werfen die Bauern tonnenweise Obst auf die Straße und schütten die Milch weg, um der Armut zu entrinnen. Und einige Flugstunden davon entfernt ver-

hungern die Kinder. Erinnern Sie sich! Sie haben sie gesehen, Skelette, mit riesigen weißen Augen im schwarzen Gesicht.

Das ist unsere Welt.

Sie kennt Ungerechtigkeit und Hunger, Ungleichheit und Krieg.

Ich habe das alles selbst erlebt. Ich gehöre dem seit zweitausend Jahren verfolgten jüdischen Volk an, das die Nazis vergeblich auszurotten suchten. Mein Körper trägt noch die Spuren dieser mir so nahe erscheinenden Vergangenheit, als ich ein Mensch war, der von anderen Menschen gejagt wurde, als ich mit ansah, wie der Mensch zum Opfer oder zum Henker wurde. Und ich breche in Wut aus, und auch Sie müssen Ihre Wut äußern, weil der Mensch noch an unzähligen Orten der Grausamkeit ausgeliefert ist. Der Mensch wendet sich noch ab von der Brüderlichkeit, der Mensch liebt den Menschen nicht, sondern verfolgt und tötet ihn.

Das ist unsere Welt.

Ich sehe, wie die Wälder, die Flüsse, die Meere, die Strände vergiftet werden, wie die Düsenflugzeuge selbst den Himmel verschlingen. Ich sehe, wie die Natur ausgeplündert und vernichtet wird. Erinnern Sie sich an die Fotografien, die vom Brand verstümmelte und verkohlte Bäume oder abgesägte Baumstümpfe zeigen, die wie ein Symbol unseres Zerstörungswahns sind, unserer von Haß gezeichneten Beziehung zu dieser lebendigen Kraft der Natur?

16

Denken Sie an die Vögel, die im Teer steckenbleiben, deren Flügel von dieser tödlichen Masse schwer geworden sind, die die Ozeane und Strände überzieht. Denken Sie an das Erdöl, das sich manchmal wie eine eitrige Wunde ausbreitet.

Es ist unsere Welt, die wir vergeuden, die wir nicht zu organisieren verstehen. Wir sind alle mitverantwortlich und lassen doch zu, daß Feuerschwerter über uns hängen, die uns alle vernichten können: die Milliarden Tonnen Sprengstoff in den Atombomben, die todbringenden Raketen. Dieser Atomtod, den wir vergessen und der uns bedroht, er ist das Gesicht dieser Welt, die doch die unsere ist: dieser phantastischen Städte, wo der Mensch hohe, leuchtende Türme in den Himmel gebaut hat und wo er abends sein Haus nicht mehr verlassen kann, ohne fürchten zu müssen, ausgeraubt und niedergeschlagen zu werden wie ehedem in einem Wald. Diese Welt – sie sollte unserem Leben gleichen, das so schön und so reich an Hoffnungen, an Energien und an Erfindungsgabe ist. Manchmal wundern wir uns über uns selbst, daß wir noch träumen können, noch zu so vielen Dingen fähig sind. Doch zu oft lassen wir uns treiben, oder wir richten Zerstörungen an. Und wir öffnen auf einmal die Augen: Ist es das, was ich wollte? Habe ich denn nicht gelernt, mein Leben besser zu führen? Werde ich jetzt endlich meine Träume verwirklichen können?

Werde ich es verhindern können, daß mein Leben eines Tages dieser Welt gleicht, in der ich lebe, die allzuoft verschmutzt, bedroht und grausam ist?

Ich möchte Ihnen helfen, Ihr Leben in dieser harten und feindseligen Welt zu ändern, die Sie umgibt.

Ich kann Ihnen helfen.

Ich muß Ihnen helfen.

Es gibt Männer und Frauen, die *auserwählt* sind. Deren Stimme weiter reicht. Sie ist nicht besser als Ihre Stimme, sie ist ihr nicht überlegen. Aber das Leben hat ihnen Stimmen und Gesichter gegeben, die man kennt.

Ich bin einer von ihnen.

Sie wissen es, denn Sie haben dieses Buch gekauft, und Millionen von Lesern haben aus meinen vorherigen Büchern Mut und Hoffnung geschöpft.

Ich wundere mich nicht darüber. Wenn ich die bedeutendsten und schwierigsten Augenblicke meiner Existenz noch einmal nacherlebe, als ich floh und doch hätte hundertmal schon tot sein müssen, meine Gefühle, die Augenblicke der Fügung, die mich in der Nacht der Kämpfe meinen Vater haben wiederfinden lassen, den ich dann mit eigenen Augen habe sterben sehen, zusammengeschlagen von den Bestien mit Menschengesicht, unseren Henkern. Wenn ich an die Begegnung mit Dina denke. Dieses unerwartete Wunder, das, was man Liebe auf den ersten Blick nennt, diese Gewißheit, die ich sofort hatte, daß sie es war, der ich seit langem entgegenging. Und wenn ich an den Ort denke, den ich aussuchte, um mit ihr zu leben und dort eine Familie zu gründen, auf der Spitze eines hohen Hügels mit dem Blick aufs Meer. Dort, so schien es, sollte sich nichts ändern, sollte mir nichts erlauben, mich niederzulassen. Das Land war aufgeteilt, man mußte die Bauern, die niemand zum Verkauf hatte bewegen können, überzeugen. Mir gelang es, und ich lebte da oben in diesem Haus, das ich meine Festung nannte, allein mit den Meinen, zwischen Himmel und Erde, im Angesicht des Meeres. Dort haben die Flammen von neuem zerstört, was ich mit meinem Blut aufgebaut hatte, haben das Leben hinweggefegt, das mehr wog als mein eigenes. Dort hat mich das Schicksal allein gelassen und vor die Wahl gestellt, weiterzukämpfen oder mir das Leben zu nehmen.

In diesen grausamen Augenblicken, wo man so schnell den einen oder den anderen Weg wählt, haben sich mein ganzes vergangenes Leben, die Tradition meines Volkes, die so oft im Gedächtnis wiederholten Worte meines Vaters – überlebe, kämpfe, sei Zeuge, erzähle, sprich, erkläre – zu einer unüberwindlichen Mauer übereinandergeschichtet, die mir den Weg des Todes versperrte. Das Glück, das ich mit Dina und meinen Kindern gelebt hatte, half mir auch, mehr als alles andere. So habe ich mich zum Leben entschlossen, zur Gründung der Stiftung Dina Gray und zum Schreiben.

Und neue Fügungen haben sich ergeben. Weitere unerwartete Begegnungen. Meine beiden Bücher, die auf unzähligen geheimnisvollen Wegen die Herzen der Leser erreichten. Und die Briefe, die ich dafür erhielt, als ob sich meine Stimme im Laufe meines ganzen Lebens mit Lehren befrachtet hätte, als ob sie mehr trüge als meine eigene Erfahrung. Aber auch die Stimmen all jener Männer und Frauen, die meinen Weg kreuzten, mit denen ich gelitten habe und die mir manchmal nur durch einen Blick, durch eine einzige Geste ihr Leben anvertraut haben.

Deshalb reicht meine Stimme weiter. Deshalb dringt sie zu Ihnen.

Meine Stimme ist wie ein Echo, das aus der Tiefe kommt. Ich bin es, der spricht, und doch bin ich es nicht mehr. Das Echo wird durch das Murmeln all jener verstärkt, denen ich begegnet bin, die mir geschrieben und sich mir anvertraut haben. Tausende von Leben, die sich mir zugewandt haben und aus denen ich meine Kraft schöpfe.

Aus denen Sie Ihre Kraft schöpfen werden.

Ich bin der Mittler geworden. Die Verbindung zwischen den anderen und Ihnen. Das Leben hat mir kein gewöhnliches Schicksal gegeben. Ich könnte es bedauern. Aber was nützte das? Ich habe dieses Schicksal angenommen, das mir bestimmt war. Ich trage es wie eine notwendige Last, und anstatt mich zu wehren, anstatt diese Last abzuwerfen – was wäre auch der Sinn eines solchen Aufbegehrens, was nützte es, anders sein zu wollen – sage ich: »Aus meinem Unglück, aus meinem Leiden will ich eine Kraft machen, ja eine Chance.«

Wen der Tod gestreift hat, wer am Rande des Todes stand, der weiß wie ich, daß er plötzlich *gesehen* und *verstanden* hat. Ich habe gesehen und verstanden. Auch für Sie. Und deshalb schreibe ich dieses neue Buch.

Um Ihnen das *Wissen* mitzuteilen, das ich langsam erworben habe: Jedes Ereignis war für mich, dessen bin ich mir heute bewußt, wie die Stufe einer Leiter, die man erklimmen muß. Diese Leiter hat kein Ende. Aber ich habe schon viele Stufen geschafft. Jedesmal wurde mir eine Hand hingehalten. Ein Mann, eine Frau, manchmal nur ein Ereignis oder ein Buch oder ein Wort hat mir geholfen. Ich war nie allein. Mitten in der Hölle, in einem Lager, wo der Mensch weniger wert war als ein Erdklumpen, hat mir ein Kamerad ein Stück Brot angeboten, und es war sein Leben, das er mir gab. Jedesmal war jemand da, der diese Geste vollbrachte. Heute bin ich an der Reihe.

Aber was können meine Stimme, die Worte, die ich schreibe, bewirken, wenn Sie nicht bereit sind, sie aufzunehmen? Was bewirkt das Wasser, das, anstatt in guten Boden einzudringen, über harte Felsen hinwegströmt? Sie haben dieses Buch gekauft. Sie müssen es zu Ende lesen. Mit sich selbst und mit anderen darüber sprechen. So daß es nicht mehr *mein Buch* ist, sondern *Ihr Buch* wird.

Vergessen Sie, daß ich zu Ihnen spreche. Vergessen Sie mein Leben. Hören Sie nur auf diese Stimme, die die Ihre wird, die Sie in Ihrem Innersten hören. Denken Sie nur an Ihr Leben, das Sie sich schön und erfüllt wünschen. Denken Sie nur an den Frieden, den Sie brauchen wie ein Glas frisches Wasser, das Sie langsam trinken, wenn Sie Durst haben. Dieses Buch ist Ihres, Sie haben es geschrieben. Ich bin nur die Hand. Doch jedes Wort, das Sie lesen, wird Ihr Wort. Lassen Sie dies Buch in sich sprechen.

Sprechen Sie mit anderen über dies Buch. Es ist Ihr Buch. Befragen Sie sich, lassen Sie Ihre Gedanken nicht abschweifen, lassen Sie sich durch irgendwelche Geräusche nicht stören. Haben Sie keine Angst vor der Frage, die Sie sich nun stellen, und vor der Antwort, die kommen muß.

BEFRAGEN SIE SICH:

Habe ich nicht Kräfte in mir, die sich noch nicht entfaltet haben?

Brauche ich nicht ein Gespräch mit einem Freund?

Habe ich alle meine Ziele erreicht? Verwirklicht, was ich mir wünsche?

Wie kann ich dieses Gleichgewicht erreichen? Das Gleichgewicht des Körpers, damit auch die Muskeln unter der Haut entspannt sind, damit meine Organe sich frei betätigen, ohne daß ich es ihnen befehle?

Und das Gleichgewicht meines Herzens und meines Geistes – habe ich es erreicht?

Warum bin ich das geworden, was ich bin?

Wie kann ich anders werden, wenn ich es will?

Wie kann ich mich wohler fühlen in meiner Haut? Wohler mit denen, die mich umgeben?

Wie kann ich meinem Geist und meinem Körper Frieden geben?

Stellen Sie sich diese Fragen. Lassen Sie sich nicht ablenken. Denken Sie intensiv und mit aller Kraft an Ihr vergangenes Leben, an das, was kommt.

Daran, was Sie aus ihm machen wollen.

Mit Hilfe dieses Buches, das Ihr Buch ist.

NUN SCHLIESSEN SIE DIES BUCH!

Denken Sie an sich. Daran, wie Sie werden wollen. An die Worte, die Sie gelesen haben und die die Ihrigen sind. Sie müssen jetzt einige Sekunden die Augen schließen, um sich auf sich selbst zu konzentrieren. Auf Ihre Wünsche und auf die Anstrengung, der Sie sich zu ihrer Erfüllung unterziehen müssen. Und Sie werden an das Glück denken, das Sie erreichen wollen.

Atmen Sie, atmen Sie langsam ein,
ganz tief.
Schließen Sie dieses Buch.
Denken Sie an sich.
Denken Sie an diese Worte, die die Ihrigen sind.
Meditieren Sie.
Schließen Sie das Buch und
schließen Sie die Augen.

Sie selbst, Ihre Gedanken, Ihre Träume, Ihr Leben, IHR BUCH

Dieses Buch schreibe ich wie einen Brief, den man einem Freund schickt.

Dieses Buch schreibe ich, wie man spricht. Wenn die Stimme leiser wird und man sich anvertraut und sagt, was wichtig ist und was man nicht immer zu sagen wagt. Dieses Buch ist meine Antwort auf viele Briefe, die ich seit der Zeit erhalten habe, da ich – es sind nun schon Jahre her – begann, zu Ihnen zu sprechen, Ihnen mein Leben »Im Namen all der Meinen« zu berichten und das zu sagen, was ich im »Buch des Lebens« las.

Dieses Buch ist der Brief, den ich an Sie richte. Aber es genügt nicht, ihn zu lesen. Niemand kann die Anstrengung und die Freude ersetzen, die Sie selbst erfahren werden – und durch die Sie verändert werden –, wenn Sie auf den folgenden Seiten nach der Lektüre FREI SCHREIBEN für sich, aber auch für mich; es ist wie eine Antwort, wie ein Dialog, den man anknüpft.

Schreiben Sie freimütig Ihre Gedanken und Träume auf, die Überlegungen, die durch die Lektüre entstehen.

Wenn Sie heute ein paar Worte schreiben, wie ein Tagebuch, das Sie führen und fortsetzen, ist es, als ob Sie IHR BUCH schrieben, Ihre Antwort. Sie werden IHR LEBEN noch einmal NACHERLEBEN und IHRE ZUKUNFT VORBEREITEN.

ANTWORTEN SIE MIR.

VERTRAUEN SIE SICH SCHREIBEND
SICH SELBST AN.

2. Sie sind nicht mehr allein

Sie sind nicht mehr allein.

Ich weiß nicht, wie Ihre Situation im einzelnen ist, wenn Sie mein Buch lesen. Ich weiß nicht, welche Farbe der Himmel Ihres Landes in diesem Augenblick hat, da meine Stimme, meine Worte – ich habe es Ihnen gesagt – zu den Ihrigen werden und sich dieses Buch, zu dem Sie hingeführt wurden, in Ihren Händen, unter Ihrem Blick in ein anderes Buch verwandelt: in das Ihrige.

Ich kenne Ihr Alter nicht, jenes »geboren am...«, aufgrund dessen man Sie als jung, erwachsen oder alt bezeichnet. Vielleicht kommt Ihr Mann gleich nach Hause oder Ihre Kinder. Oder sie kommen auch nicht. Sie hoffen, eines Tages eine Familie gründen zu können. Aber vielleicht haben Sie auch diese Hoffnung verloren.

Ob Sie nun jung oder alt, Mann oder Frau, verheiratet oder ledig, mit oder ohne Kinder sind, ich sage Ihnen: »Sie sind jung in Ihrem Herzen, und Sie sind nicht mehr allein.«

Sie haben sich zu etwas entschlossen. Sie haben dieses Buch gekauft und aufgeschlagen. Sie sind nicht mehr allein, denn Sie werden einem Gefährten begegnen, der Ihr Verbündeter wird: *Dieser Freund, das sind Sie.*

Denn Sie waren einsam.

Ich weiß es. Ich war es so häufig in meinem Leben, daß ich Ihre Situation nachempfinden kann. Die Einsamkeit, das ist das Schweigen oder eine verbitterte und verzweifelte Stimme in Ihnen, die diesen einen Satz wiederholt: »Du bist allein.« Das ist Ihr Blick, der die Leere durchmißt.

Manchmal aber sind Sie von denen umgeben, die Sie lieben oder mit denen Sie seit jeher zusammenleben, und obwohl es Ihre Eltern, Ihr Mann, Ihre Frau, Ihre Kinder sind, für die Sie zu jedem Opfer bereit wären, fühlten Sie sich einsam. Zwischen den andern und Ihnen war da eine Kluft wie die Gräben, die die mittelalterlichen Festungen umgeben. Und in Ihrer Festung, hinter diesem Graben, waren Sie allein trotz des Lärms und all der Gesichter, die Sie umgaben. Sie empfanden diese Einsamkeit wie ein Leiden.

Sie können selbst nicht genau ermessen, wie einsam Sie oft waren. Dieses Unbehagen, diese Unzufriedenheit, die Sie empfanden, das war die Einsamkeit. Sie müssen sich im klaren darüber sein, wie Ihre Situation war, bevor Sie dieses Buch geöffnet haben; nach einigen Seiten Lektüre werden Sie es schon vergessen haben, denn Sie werden erfahren, daß Sie stets einen Freund an Ihrer Seite haben: Es ist der einzige, der Ihnen immer treu bleiben kann. Der einzige, der in den qualvollen Augenblicken dasein wird: *Sie*.

So schließen Sie das Buch, bevor Sie vergessen, schließen Sie die Augen, nehmen Sie sich die Zeit und lassen Sie die verschiedenen Etappen Ihres Lebens an sich vorüberziehen, erleben Sie noch einmal diese Gedankenlosigkeit, diese Leere, die Sie umgaben und Sie innerlich aushöhlten.

> Lassen Sie Ihren Geist frei schweifen.
> Erleben Sie Ihr Leben noch einmal.
> Schließen Sie dieses Buch.
> Schließen Sie die Augen.

Sie nehmen die Lektüre wieder auf. Sie sind in sich gegangen, Sie haben vielleicht entdeckt, was die Eigentümlichkeit Ihres Lebens ausmacht, was Sie von jedem anderen Menschen unterscheidet und ihn von Ihnen. Verweilen Sie noch bei sich selbst. Nicht aus Selbstgefälligkeit. Oft betrachtet man sein Leben – ich weiß es, denn ich erlag selbst dieser Versuchung –, indem man sich sagt: »Ich habe kein Glück gehabt. Das Unglück ist zu oft über mich hereingebrochen.« Oder man sagt: »Ich hätte gekonnt, aber das Schicksal hat es anders gewollt, es war mir nicht gewogen. Ich hatte keine Chance.«
Dieser Blick, mit dem man sich betrachtet, gleicht dem einer Mutter, die Sie in die Arme nimmt, Sie wiegt und der Sie sich überlassen, traurig, melancholisch und zufrieden zugleich.
Nicht diesen Blick, nicht diese Aufmerksamkeit fordere ich von Ihnen. Selbstmitleid nützt nichts. Man lernt nicht, zu leben, wenn man sich in ein weiches und schützendes Federbett legt. Man lernt nicht, sein Verhältnis zur Welt zu ändern, wenn man sich ständig sagt, daß man schließlich für nichts verantwortlich sei.

Wenn Sie im Nacherleben Ihres Lebens der Versuchung

des Selbstmitleids und der Selbstgefälligkeit nachgegeben haben, beginnen Sie noch einmal.

> Bemitleiden Sie sich nicht selbst.
> Versuchen Sie zu verstehen.
> Denken Sie nach.
> Analysieren Sie Ihr Verhalten.
> Schließen Sie das Buch.
> Schließen Sie die Augen.

Wenn es Ihnen jetzt gelungen ist, sich in einer vergangenen Situation wie einen Freund zu sehen, der sich mit den Schwierigkeiten herumschlägt, oder in Augenblicken, wo das Glück Sie mitriß, lassen Sie ein einziges Wort vor sich auftauchen, isolieren Sie es: *Schmerz*.
Wiederholen Sie dieses Wort: *Schmerz*.
Sie sollen nicht an Ihren vergangenen oder gegenwärtigen Schmerz denken, sondern an den *Schmerz*, der Sie umgibt wie ein Eisenring, und diesen Schmerz, der sich überall einnistet, vergessen Sie zu oft.
Machen Sie ein Experiment.
Nehmen Sie die Zeitung. Titel und Ausgabe spielen kaum eine Rolle. Anstatt Ihren Blick darüber hinweggleiten zu lassen, schauen Sie hin, versuchen Sie, sich vorzustellen, was sich hinter den Überschriften, hinter den Sätzen der Journalisten verbirgt. Sie sind sehr geschickt, diese Leute, die für Sie schreiben. Ich weiß es aus eigener Erfahrung. Sie haben aus meinem persönlichen Drama die ehrlich-

sten Artikel gemacht. Und doch kam mein Schmerz in ihren Spalten nicht zum Ausdruck. Die Dinge waren gesagt, und es schien mir, als ob nichts gesagt wäre. Als ob von der Frucht nur die Schale existierte.

Und Sie lesen auch nicht mehr. Sie lesen nur mit den Augen. Sie geben sich keine Mühe, damit die Wörter in Sie dringen.

Die Journalisten berichten, daß ein kleines Mädchen von knapp acht Jahren von seinen Eltern mißhandelt wurde. Mit einem Lederriemen geschlagen, getreten, ausgehungert. Es schrie jeden Tag, und niemand in der Nachbarschaft wollte diese Schreie hören. Dem älteren Bruder, der kaum zehn Jahre alt war, gelang es, einen auf Schulpapier geschriebenen Brief bei der nächsten Polizeistation abgeben zu lassen. Die Schrift war unbeholfen, der Umschlag schlecht beschriftet, der Text konfus, doch ein Polizist konnte dem Martyrium dieses Kindes ein Ende machen. Die Zeitungen berichten dies alles genau. Und doch – liegt es an den Zeitungen oder an Ihnen selbst? – Sie fühlen sich von dem nicht zu rechtfertigenden Schmerz eines kleinen Kindes nicht wirklich betroffen. Sie sagen: »Mein Gott, armes Kind!« Und blättern weiter. Es bleibt in Ihnen so wenig von diesem Leben, dem Sie doch begegnet sind, von dem Sie gelesen haben.

Sie erfahren, daß eine junge Frau bei einem Autounfall grausam verbrannt ist. Daß der Krieg weitergeht. Daß sich junge Gefangene in ihren Zellen das Leben nehmen, daß andere ihr Gefängnis verwüsten. Daß man auf sie schießt. Sie sind einen Augenblick empört und blättern wieder um. Wie sollen Sie auch – so werden Sie einwenden – all diesen Schmerz teilen? Wieso sollen wir uns mit dem Leiden dieser Unbekannten belasten? Ich bitte Sie, bei einem dieser Ereignisse zu verweilen. Einen Augenblick mit den Akteuren dieser Dramen zu leben, die sich in den übervollen Seiten der Zeitung verlieren.

Stellen Sie sich die Szenen vor.

Lesen Sie nicht nur. Versuchen Sie, die Gesichter, die Dinge, die Schmerzen zu erraten, so wie man sie spürt. Versuchen Sie zu verstehen. Diese Frau ist tot. Seien Sie einen Augenblick ihre Eltern, ihre Freunde. Sehen Sie ihren Schmerz.

Nehmen Sie Anteil.

Damit Sie nicht mehr allein sind – nie mehr. Damit Sie lernen, diesen Graben zu überwinden, mit dem Sie sich umgeben haben. Um auch zu entdecken, daß Ihr Schicksal nicht das tragischste ist. Daß Leid und Schmerz von allen ertragen werden. Daß die Welt um Sie herum lebt. Denn manchmal vergessen Sie den Schmerz der anderen, weil Sie sich selbst bemitleiden und bedauern.

Machen Sie ein anderes Experiment.

Nehmen Sie ihre unmittelbare Umgebung. Ich bin sicher, daß Sie vergessen haben, was dem einen oder anderen zugestoßen ist. So sehr sind Sie um sich selbst besorgt. Gehen Sie in Gedanken das Leben eines der Ihren oder eines Freundes durch. Sie werden entdecken, daß Ihr Leben so viel wert ist wie das seine. Und das seine wie das Ihre.

Sicher haben Sie das Recht, an sich zu denken. Aber tun Sie es, um sich selbst besser kennenzulernen? Weil Sie die anderen und den Schmerz der Welt nicht mehr sehen, ziehen Sie sich in sich selbst zurück und lassen auf diese Weise ein unnützes, überflüssiges Leid entstehen, dessen Ursache allein Sie selbst sind, für das allein Sie verantwortlich sind.

Sie verstehen mich nicht?

Wir weigern uns immer, zu verstehen, was uns stört. Und ich störe Sie. Doch muß es jemand geben, der Ihre Denkgewohnheiten durchbricht, um Ihnen zu helfen, besser zu leben und Klarheit über sich zu gewinnen. Ich will dieser Mensch sein. Ich weiß nur zu gut, wie schwer sich diejenigen tun, die aus Angst vor sich selbst oder vor denen, die sie zum Handeln treiben, sich nicht kennen wollen. Sie werden dann zu Opfern von Kräften, die in ihnen sind und die sie nicht kennen.

Wir sind alle von dieser Gefahr bedroht. Denken Sie an ein schmerzliches Ereignis in Ihrem Leben. Oder an einen Ihrer letzten Wutausbrüche. Oder an eine jener Phasen von Verzweiflung und Trauer im Leben, die Sie durchgemacht haben. An jenen Augenblick, an jenes Ereignis, an Ihre Verzweiflung müssen Sie sich erinnern. Selbst wenn sie weit hinter Ihnen liegen. Sie erleben noch einmal Ihre Seins- und Denkweise von damals. Wie Sie von der Gewalt überflutet wurden. Wie Sie am Leiden, am Sich-weh-Tun eine morbide Lust empfanden. Erinnern Sie sich.

Hören Sie auf zu lesen.
Erinnern Sie sich.

Jetzt, wo alles wieder präsent ist – falls Sie es wirklich gewollt haben –, erforschen Sie Ihr damaliges Verhalten. Hören Sie die Worte, die Sie gesprochen haben, sehen Sie sich in Ihren Gesten, sehen Sie die Tür, die Sie zugeschlagen haben. Die Schläge, die Sie vielleicht verteilt haben. Oder die schwarzen Gedanken, die Sie umhüllt haben. Mit denen Sie sich gequält haben.

Sind Sie sicher, daß Sie so gedacht und gehandelt haben, wie es richtig gewesen wäre? Vielleicht waren Sie ungerecht und grausam. Ohne es zu wissen, ohne es zu wollen. Denn zuallererst haben Sie sich selbst weh getan.

Diesen Verbündeten, den Sie haben – *Sie selbst* –, haben Sie grob behandelt, der Verzweiflung ausgeliefert, in die Wut getrieben. Sie waren ungerecht, hart und grausam mit sich selbst. Wie wollen Sie da in sich selbst noch einen Freund finden? Sie haben ihn unterdrückt. Heute versteckt er sich. Er ist Ihnen feindlich gesonnen. Er antwortet nicht auf Ihre Appelle. Sie haben sich selbst zu oft weh getan.

Sie haben Angst vor sich.
Sie fürchten die Energie und die Kräfte des Lebens.

Ich bitte Sie, weiter nachzudenken. Sich an ihr Leben zu erinnern. An diejenigen, die Sie lieben.

Wie wollen Sie ändern, was in Ihnen nicht stimmt, sich entfalten, wenn Sie sich nicht selbst kennen? Wie wollen

Sie den anderen begegnen, wenn Sie sie nicht kennen?
Um sich und die anderen kennenzulernen, muß man sich
Zeit nehmen.

Meditieren Sie noch einmal. Über sich selbst. Über Ihr
Leben. Wählen Sie einen Augenblick, ein Zimmer, in
dem Sie allein mit sich sind.

Schließen Sie die Augen, lassen Sie Vertrauen in sich
emporsteigen. Machen Sie diesem Freund Mut – *sich
selbst* –, den Sie verstümmelt und erstickt haben. Lassen
Sie in sich Ihre Lebensgeschichte aufsteigen, ob sie kurz
oder schon lang ist, spielt keine Rolle.

Sie werden sehen, daß sich diese Geschichte um einige
zentrale Episoden kristallisiert, die aus Ihnen das gemacht haben, was Sie sind. Denken Sie über jede einzelne
nach.

Lernen Sie sich durch diese Geschichte kennen. Ermes-
sen Sie das Leid, das Sie sich selbst verursacht haben.
Unnützerweise. Warum? Betrachten Sie die Wege, die
Sie einschlagen wollten, denen Sie andere vorgezogen
haben, die Sie nicht befriedigen. Warum hat Ihnen der
Mut gefehlt?

Sie müssen mit meiner Hilfe darauf antworten. Indem Sie
sich selbst zum Verbündeten machen. Dann erst werden
Sie nicht mehr allein sein.

Erinnern Sie sich.
Hören Sie auf Ihre Lebensgeschichte.
Schließen Sie das Buch.

Sie selbst, Ihre Gedanken, Ihre Träume, Ihr Leben, IHR BUCH

Antworten Sie mir, verstärken Sie meine Stimme durch die Ihre.
SCHREIBEN SIE, ÖFFNEN SIE SICH VOR SICH SELBST.

_____

_____

_____

_____

_____

_____

_____

_____

_____

_____

_____

_____

_____

_____

_____

_____

_____

_____

_____

_____

_____

_____

_____

_____

3. Dies ist ein einmaliger Augenblick

Dies ist ein einmaliger Augenblick.
Welcher? werden Sie fragen. Instinktiv meinen Sie, daß
sich das Einmalige in der Erscheinung des Außergewöhnlichen zeigen müßte. Und daß es vielleicht während eines
ganzen Lebens nicht eintritt. Sie sagen sich, daß es ein
mittelmäßiges, fades Leben gibt, in dem nichts geschieht
als das Ablaufen der immer gleichen Tage, und auf der
anderen Seite ein Leben, das wie ein einziges sprühendes
Feuerwerk ist. Sie haben Angst, daß Sie eines jener
mitreißenden Feste des Lebens verpassen oder nicht
mehr an ihnen teilhaben können. Weil die Feste schon
vorüber sind und Sie meinen, daß es nun keinen einmaligen Augenblick mehr geben werde. Sie irren sich.
Der Augenblick, in dem Sie leben, die Sekunde, in der
Ihre Augen auf diesen Worten – den meinen und den
Ihrigen – ruhen, ist einmalig. Wußten Sie das?
Haben Sie in der Vergangenheit genügend über den
unaufhaltsamen Gang der Zeit nachgedacht? Über Ihr
Leben, das die Summe von Millionen einmaliger Bau-
steinchen ist und nicht von ein paar außergewöhnlichen,
gewaltigen Augenblicken inmitten einer großen Leere?
Ihr Leben geht vorüber, und Sie warten darauf, daß es
Ihnen eine jener großartigen Vorstellungen bietet, die
man ein »Ereignis« nennt. Sie stehen morgens auf und
sagen sich vielleicht: »Wieder ein Tag, an dem nichts von
all dem geschehen wird, was ich mir erhoffe.« Und Sie
lassen mit gierigen Augen die Stunden zerrinnen in der
Erwartung, daß etwas geschieht; so geht der Tag vorüber,
und Sie sehen nicht einmal, was um Sie herum geschieht,

weil Ihr Geist woanders ist und träumt von Sie wissen selbst nicht genau welchem Feuerwerk.

Wissen Sie, daß Ihr Leben verrinnt, daß nichts es aufhalten kann?

Nein.

Ich weiß, daß Sie an den einmaligen Augenblicken in Ihrem Leben, an fast allen, vorüberhetzten, ohne es zu wissen. Sie waren der Fluß, er floß und riß Sie mit sich. Sie haben nicht gelernt, daß das Einmalige jede Sekunde selbst ist. Daß es zu nichts führt, das Außergewöhnliche zu suchen. Daß er hier und jetzt in Ihren Händen liegt, vor Ihren Augen, dieser Moment, den nichts je wieder hervorbringen kann.

Sie lesen seit fünf Minuten. Sie sind ausgefüllt mit Ihren Gedanken. Seitdem Sie mit dieser Seite begonnen haben, hat sich der Himmel schon verändert, die Wolken sind nach Westen gezogen. Das Licht ist milder oder stärker geworden. Fünf Minuten, die niemand je wird wieder so rekonstruieren können, wie Sie sie erlebt haben, ohne es zu wissen. Fünf einmalige Minuten. Fünf außergewöhnliche Minuten.

Wir sind uns dieser Abfolge von Einmaligem und Außergewöhnlichem in allem Leben, in jedem Bruchteil der Zeit nicht bewußt. Wir schauen woanders hin. Wir sind wie die Hungernden, die auf einem Sack voll Getreide sitzen, Getreide mit reifen, großen Körnern. Der Hungernde streckt die Hand aus und bettelt am Rand einer leeren Straße, und manchmal trägt ihm der Wind ein bißchen Getreidestaub zu, ein einziges Korn, das bald zerbröckelt. Und wir wissen nichts von dem Sack, auf dem wir sitzen. Ich möchte Sie lehren, jedes Korn, das Sie besitzen, zu sehen und zu nutzen. Es sind unzählige in Ihrem Leben.

Ich weiß es.

Mehrmals in meinem Leben wurde ich vom Schicksal und durch menschliches Handeln geschunden, ich wurde allein gelassen. Jetzt – und ich habe viel leiden müssen, um es zu verstehen – erwarte ich nur noch, daß die Sonne aufgeht, damit ich über die Schönheit des Himmels staune. Jede Sekunde Leben ist ein Wunder. Jede Sekunde hat ihr eigenes Gesicht. Jedes Lebewesen, seien es Ihre Lieben oder Unbekannte, denen Sie auf der Straße begegnen, ist ein außergewöhnliches Wunder, das sich jede Sekunde verändert. Aber haben Sie daran gedacht, die Dinge, die Lebewesen, die Landschaften und zuallererst sich selbst mit dem Gedanken zu betrachten: »Das wird vergehen, das ist schon vergangen!«?

Wenn Sie dieses Bewußtsein von der Bewegung des Lebens besessen hätten, so hätten Sie wahrscheinlich anders gehandelt, anders hingeschaut. Denn was einmalig ist, ist kostbar, und was kostbar ist, bewahrt man und verschleudert es nicht. Manchmal, inmitten meiner Gedanken ans Heute, halte ich ein, versuche ich, mich an die Meinen zu erinnern, die ich verloren habe, die, die mich auf die Welt gebracht haben, und die, die ich auf die Welt gebracht habe. Und dann merke ich, daß ich mich nur noch an diese oder jene Episode erinnere, weil ich zu ihren Lebzeiten die einmaligen Augenblicke vergeudet habe. Ich wußte nicht, oder ich wußte noch zu wenig. Ich konnte mir noch nicht vorstellen, daß eine Sekunde Schlaf eines Kindes, das ruhige Atmen, das seine Brust hebt, eine Geste seines Armes, seine kleinen geballten Fäuste, daß dies alles einmalig, außergewöhnlich, großartig ist.

Und ich würde am liebsten noch stärkere Worte hierfür finden.

Sie, die Sie mein Buch lesen, *befragen Sie sich,* aber lassen Sie meine Fragen nicht an der Oberfläche Ihrer Person abgleiten. Bemühen Sie sich darum, daß meine Fragen in Sie eindringen. Wiederholen Sie sie.

Ihr jungen Leute, habt ihr je eure Eltern, eure Freunde *angeschaut,* um für immer die Zärtlichkeit ihrer Augen, die weiche Schönheit ihrer Gesichtszüge einzufangen? Gebt acht, das Leben nimmt sie mit sich, wie es auch euch mit sich nimmt. Vergeßt nicht, daß das Gesicht, das euch ewig erscheint, auch veränderlich ist und um vieles strahlender in seinem sich wandelnden Ausdruck – den ihr schon gar nicht mehr wahrnehmt – als das wunderbarste Feuerwerk.

Und Sie, die Sie schon Vater oder Mutter sind, betrachten Sie Ihr Kind, beugen Sie sich über diesen Körper, der sich noch ausbilden will, hören Sie auf diese Stimme, die sich verwandeln will. Nehmen Sie dieses Kind in die Arme. Das ist ein einzigartiger Augenblick. Für das Kind und für Sie.

Hören Sie jetzt auf zu lesen.
Stehen Sie auf
und schauen Sie sich um.
Betrachten Sie Menschen oder Dinge,
die Ihnen lieb sind,
damit Sie verstehen,
daß jede Sekunde unwiederholbar ist,
jedes Lebewesen, jedes Ding
einmalig und wunderbar.
Stehen Sie auf, blicken Sie um sich.
Schließen Sie das Buch.

Vielleicht haben Sie jetzt begriffen, daß man jeden Augenblick ergreifen soll, versuchen soll, ihn sich einzuprägen. Daß dieser gegenwärtige Augenblick, den Sie vernachlässigen, den Sie leben, ohne es zu wissen, so viel wert ist wie alle Gestern und alle Morgen. Denn es ist ein einmaliger Augenblick. Es ist an Ihnen, dies zu erleben, diesen Reichtum zu entdecken. Niemals zu vergessen, daß man heute diese Sekunde leben muß, die vergehen wird. Die bereits vergeht.

Einige werden hier fühlen, wie in ihnen die Angst vor der dahinschwindenden Zeit emporsteigt, vor dem Leben, das man nicht festhalten kann. Es ist wahr, daß das Wasser dahinfließt, die Falte sich in unsere Stirn gräbt, das geliebte Gesicht verschwindet. Aber die Angst ist sinnlos. Die Angst vergeht, wenn man gelernt hat, jede Sekunde zwischen seinen Fingern zu halten und sie zu

betrachten. Wenn man erkannt hat, daß jedes Getreide-
korn in unserem Leben ein Keim ist, der das ganze Leben
in sich birgt. Unerträglich ist der Gedanke, daß wir
denen, die wir geliebt haben, nicht alles an Aufmerksamkeit und Liebe gegeben haben, derer wir fähig waren, daß
wir Zukunftschimären ihrer Gegenwart, Träume und
Hoffnungen auf einen außergewöhnlichen Augenblick
ihrem lebendigen Reichtum vorgezogen haben. Der außergewöhnliche Augenblick waren sie selbst, und wir
hatten es vergessen.

Ich war wie Sie. Auch ich habe – das weiß ich heute – den
zu lebenden Augenblick, die Nächsten um mich herum zu
oft vor lauter Wunschvorstellungen vernachlässigt, um
einem Ziel nachzujagen, das ich anderswo ansiedelte.

Aber da Sie das Leben haben, können Sie Ihre Haltung
ändern.

Denken Sie nach. Betrachten Sie diesen Menschen in
Ihrer Nähe, ob Verwandter oder Unbekannter. Sie sollen
wissen, daß er einzigartig ist. Lernen Sie, ihn in seiner
Besonderheit zu sehen, die aus ihm ein ganzes Universum
macht. Lassen Sie Ihre Aufmerksamkeit für ihn nicht
durch die Wiederholung abnutzen, denn alles ändert sich
jeden Augenblick binnen kürzester Zeit.

Wenn Sie ein Kind haben, wissen Sie sehr gut, daß jeder
Schrei, jede Geste anders ist. Wenn Sie das Neue nicht
sehen, wenn Sie sagen, alles wiederholt sich, so schauen
Sie nicht hin. Weil Ihre Aufmerksamkeit abgenutzt ist,
Ihre Neugierde erlahmt. Nicht die Welt, nicht die andern
verlieren ihre Neuigkeit, denn jeder Augenblick, jeder

Atemzug ist anders. Jeder neue Blick ist ein neues Universum, das sich öffnet, wenn Sie es zu ergreifen und zu verstehen vermögen. Aber die Zeit und das oft schwierige Leben, das Ihnen beschieden ist, haben Ihre Neugierde abstumpfen lassen. Außerdem sperrt unsere Welt die Menschen und das Leben – die Natur, den Himmel – hinter Zementmauern, Stahl und Glas. Männer und Frauen stecken in Käfigen hinter spiegelnden Fensterscheiben, in den klimatisierten Treibhäusern, die man Büros nennt. Männer und Frauen bewegen sich in diesen Metallschachteln, die man Autos nennt, in diesen Zementtunnels, den Metros und Unterführungen. Uns umgibt, was leblos ist, und wir ersticken. Keine Bäume mehr um uns. Das Gras neigt sich nicht mehr im Wind. Wir vergessen das Geräusch raschelnder Blätter. Nichts. Wir sind umringt von dem, was leblos ist. Zement, Stahl, kaltes und totes Material.

Auch in Ihnen fließt Zement. Der Zement der Gewohnheiten. Der Ermüdung. Sie sehen die Menschen um sich nicht mehr mit Lebendigkeit und Schärfe. Sie sind in die Routine, in die Lebensmüdigkeit gesunken. Alles erscheint Ihnen grau und trüb. Alles wiederholt sich, sagen Sie sich manchmal. Und Sie beginnen, voller Sehnsucht von der Vergangenheit zu träumen. Sie idealisieren Ihre früheren Erlebnisse. Ihre Jugend sehen Sie wie ein glückliches Land, das Sie für immer verlassen haben. Aus dem Freund, der gegangen ist, machen Sie den einzigen, der Sie verstanden hat. Die Frau, die Sie geliebt haben, hat –

so glauben Sie – Ihr Herz und Ihre Emotionen für immer mit sich fortgenommen.

Oder Sie denken an die Zukunft, die sich vor Ihnen öffnet, die endlich das große Fest Ihres Lebens bringen muß. Und das Morgen kann kommen, ohne daß sich etwas ereignet. Dann sind Sie sich selber gram, dem Leben überhaupt.

Warum nicht als nächstes Ihre Neugier wiederfinden auf das, was sich in diesem Moment um Sie herum abspielt? Warum nicht den unendlichen Reichtum jeder gegenwärtigen Bewegung sehen, den Reichtum derer, die Ihnen in diesem Augenblick Ihres Lebens nahe sind?

Diese Neugier wiederfinden – die Welt ist ja in jedem Augenblick anders – heißt seine Jugend wiederfinden und bewahren. *Nur diejenigen, die aufgehört haben, hinzuschauen und Interesse aufzubringen, sind alt.*

Ich sprach weiter vorn vom Alter gemäß den offiziellen Dokumenten. Nicht diese Zahl ist das Alter, ist Ihr Alter, sondern Ihre Neugier auf die Welt, auf die anderen, auf sich selbst sagt etwas über Ihr wirkliches Alter aus. Wenn Sie nichts interessiert, wenn Ihnen die Welt so leblos erscheint wie ein Block Zement, dann sind Sie alt, auch wenn Ihr Leben erst beginnt.

Auch wenn sich die Jahre gehäuft haben, *sind Sie doch jung,* wenn Sie hinschauen und sich begeistern können, *wenn Ihre Aufmerksamkeit wach bleibt,* wenn Sie wissen, daß sich nichts wiederholt, daß alles neu ist, weil sich alles ändert. *Und Sie bleiben jung, solange diese Neugier in Ihnen wie eine lebendige Flamme brennt.*

46

Vielleicht sind Sie von den Worten, die Sie lesen, überzeugt. Aber sie bleiben Ihnen äußerlich. Sie sind noch nicht zu einer inneren Triebkraft geworden. Sie sind noch zu müde, Ihre Neugier ist noch so schläfrig, wie wenn Sie mit Mühe aufwachen oder nach einem Unfall wieder laufen lernen.

Ich verstehe Sie. Ich fühle, daß Sie wollen und noch nicht können. Sie sind überzeugt, daß man neugierig sein müßte, daß da die Quelle der Jugend ist, aber Sie sagen sich: »Wenn ich könnte, sicherlich...«, oder: »Er hat recht, aber ich weiß nicht, ich kann nicht, es ist zu spät.«

Da sich dieses Buch in Ihren Händen befindet, ist es nicht zu spät. Dessen bin ich sicher. Da das Buch in Ihren Händen ist, spüren Sie auch noch Neugier in sich und haben noch den Wunsch und die Hoffnung auf ein anderes Leben.

Dann ist auch alles möglich.

Wollen Sie es versuchen? Wollen Sie sich davon überzeugen, daß Ihre Neugier, Ihr Interesse an der Welt wirklich vorhanden ist?

Beobachten Sie jeden Tag eine Veränderung, folgen Sie mit Hingabe der Bewegung des Lebens, so wie Sie ein Stück Holz beobachten, das von der Strömung des Wassers davongetragen wird. Sie werden sehen, wie es sich im Kreise dreht, wie es verschwindet und wieder emportaucht, nie zweimal an der gleichen Stelle.

Sie haben Wesen um sich, die Sie lieben. Beobachten Sie sie, als ob Sie sie zum erstenmal sähen. Hören Sie ihnen zu, als ob Ihnen ihre Stimme unbekannt sei. Oder öffnen Sie Ihr Fenster, immer zur gleichen Zeit, um welche Uhrzeit Sie wollen, und bemühen Sie sich, in diesem Augenblick eine Stelle am Himmel zu fixieren. Sie werden schnell entdecken, daß sie sich verändert, daß sie Ihnen eine Vorstellung von der unendlichen Bewegung des Lebens vermittelt.

Oder wenn Sie noch keine Pflanze haben, kaufen Sie eine und verfolgen Sie täglich ihr Wachstum, die Entwicklung ihres Lebens. Oder ein Tier, auch Vögel. So viele Möglichkeiten, Sie wachzurütteln, Ihnen aufzudecken, daß Ihre Neugier darauf wartet, sich zu entfalten, daß Sie nur einen kleinen Antrieb, ein bißchen Schwung dazu brauchen.

Den soll Ihnen dieses Buch geben, diese Worte, die bis zu Ihnen gedrungen sind. Sie können sie auch anderen mitteilen. Von ihnen ausgehend einen Dialog beginnen. Sie können auch ihren Gang beobachten, der bei jedem Menschen anders ist. Was ist Langeweile? Was ist das Alter, wenn man lebendig ist? Wenn man es versteht, das stets wechselnde Schauspiel der Welt und der Menschen um sich herum zu betrachten? Wenn man sich selbst Fragen stellen kann und den anderen auch? Wenn man in sich das langsame Arbeiten des Lebens sehen und verfolgen kann?

Sie wissen gut – denn Sie haben dies Buch in der Hand –, daß Sie einen unermeßlichen Fundus an Begeisterungsfähigkeit in sich haben, daß Ihre Neugier nur danach drängt, sich zu entfalten, daß Sie also jung sind. Sie müssen nur lernen, sich umzuschauen. Ihr Leben an die Kraft des Lebens knüpfen. Den Zement durchbrechen, der uns in unseren modernen Städten einkerkert und in uns eindringt. Sie müssen – und Sie können es: – Ihre Neugier schärfen, jeden Augenblick konzentriert leben, denn jeder Augenblick ist einzigartig. Es nützt nichts, woanders das zu suchen, was in Ihnen selbst immer neu und um Sie herum immer anders ist. Denken Sie an den Hungernden auf dem Sack Getreide, der bettelt, obwohl er alles hat, um seinen Hunger zu stillen.

Aber er weiß nichts davon. Er kennt den Reichtum nicht, der in seinem Sack liegt. *Sie dagegen, Sie müssen von sich verlangen zu wissen.* Schauen Sie hin. Kaufen Sie eine Pflanze. Verfolgen Sie ihr Wachstum. Das ist schon das sichtbare Leben, ein Mittel, gegen das Leblose in Ihnen und um Sie herum zu kämpfen.

Betrachten Sie die anderen, wie sie sich verändern. Leben Sie und staunen Sie über den einmaligen Augenblick.

Sie werden jetzt das Buch schließen.
Schauen Sie hin.
Denken Sie nach.
Welche Entscheidung haben Sie getroffen?
Wo werden Sie die Pflanze hinstellen,
die Sie pflegen wollen?
Mit wem werden Sie über das Gelesene sprechen?
Leben Sie den einmaligen Augenblick.
Schließen Sie das Buch und handeln Sie!

MEDITIEREN SIE

Nun sind wir schon lange beisammen und teilen Gedanken und Worte. Sind sie nun wirklich die Ihrigen geworden? Sind Sie sich selbst und der Welt gegenüber aufmerksamer geworden? Fangen Sie an, sich besser kennenzulernen, Ihre Geschichte besser zu verstehen? Das Leid, das Sie sich zugefügt haben, und den Schmerz der anderen?

Sie müssen jetzt wissen, daß ein UNGEHEURES PO-TENTIAL AN NEUGIER, AN SEHNSUCHT UND ENTHUSIASMUS in Ihnen ist.

Sie sind also JUNG. Und Sie können IHR LEBEN ÄN-DERN.

SIE sind nicht mehr ALLEIN.

Denn dieses Buch ermöglicht Ihnen, mit SICH SELBST zu SPRECHEN. Sie werden aus SICH einen Verbündeten machen.

MEDITIEREN SIE

Sie werden BESCHLIESSEN, daß Sie jeden Tag, JEDEN TAG, FÜNF MINUTEN ALLEIN MIT SICH sind.

Dabei ist Ihr Denken nicht leer, sondern voller Frieden und Ruhe. Sie stehen aufrecht, die Arme am Körper, die Handflächen nach außen geöffnet, und Sie atmen langsam ein und aus.

Friede, Ruhe, Entschlußfähigkeit, Sicherheit erfüllen Sie. Die Kräfte des Lebens durchdringen Sie.

BEGINNEN SIE NICHT MORGEN, SONDERN JETZT, IN DIESEM AUGENBLICK.

Legen Sie das Buch weg.
Stehen Sie auf.
Atmen sie langsam ein,
atmen Sie tief aus.
Denken Sie nach.
Schließen Sie die Augen.

Sie selbst, Ihre Gedanken, Ihre Träume, Ihr Leben, IHR BUCH

Sie wollen ETWAS SCHREIBEN, Sie müssen es hervorbringen, sich dieser Seite anvertrauen, sich befreien...

_____

_____

_____

_____

_____

_____

_____

_____

_____

_____

_____

_____

_____

_____

_____

_____

_____

_____

_____

_____

4. Sie sind im Herzen der Welt

Sie sind im Herzen der Welt. Und Sie glauben es nicht und wissen es nicht. Sie haben das Gefühl, isoliert, ja verloren zu sein. Selbst die anderen Menschen, vor allem in den Großstädten, sehen Sie nicht mehr. Sie gehen schnell, weil die Uhr Sie beherrscht. Sie sehen sich die Schaufensterpuppen und die Auslagen an. Sie lesen Ihre Zeitung, aber sehen Sie die Gesichter der Männer und Frauen, die Ihnen begegnen?

Sie haben sich so sehr daran gewöhnt, allein in der Menge zu sein, daß Sie instinktiv zurückschrecken, wenn jemand Sie anspricht oder auch nur auf Sie zugeht. Sie haben Angst. Der Sie anspricht, was kann er anderes sein als ein Bettler, ein Dieb, ein aufdringlicher Mensch, ein seltsames Wesen, ein Anormaler, denn er durchbricht die Regel des Schweigens. Er will etwas von Ihnen, und Sie hören noch nicht einmal, worum er bittet, um Almosen oder um eine Information. Sie wenden sich ab, als ob Sie davor Angst hätten, in ein Gesicht zu sehen. Sie gehen schneller, um die Sicherheit wiederzufinden in der Masse von Männern und Frauen, die sich im Vorbeigehen streifen, sich anstoßen und sich nicht sehen, nicht miteinander sprechen.

Ihre Isolation gibt Ihnen also oft Sicherheit. Und Sie tun nicht selten gut daran, auf der Hut zu sein. Die Stadt ist voller Aggressoren. Sie haben Angst vor ihnen. Und die haben Angst vor Ihnen. Ihre Angst lockt sie an, und die Not treibt sie dazu. Sie fallen über Sie her und zittern dabei. Manchmal, wenn sie gewalttätig werden wie wildgewordene Bestien, töten sie aus blinder Angst. Ich entschuldige sie nicht, ich klage sie nicht an. Ich sage: »Haben wir Verständnis, ich, Sie, für die anderen.«

Und zuallererst müssen Sie wissen, daß Sie, die Sie allein in der Menge gehen, die Sie den Überfall fürchten, mitten in der Welt sind. Wie jedermann. Sie müssen um diese Situation wissen, um daraus mehr Vertrauen in sich zu gewinnen. Es wird Ihnen Kraft geben.

Sie denken vielleicht, daß Sie weder Präsident eines großen Staates noch Besitzer eines ungeheuren Vermögens sind. Ihr Name erscheint nicht in den Zeitungen. Sie suchen nicht den Ruhm. Sie sind das, was Soziologen als »Anonymen« bezeichnen. Niemand dreht sich nach Ihnen um. Und doch sind Sie mitten in der Welt.

Denn Sie sind einzigartig. Sicherlich, Ihre Kinder ähneln Ihnen. Ihre Eltern haben Ihnen einen Teil von sich selbst vererbt. *Doch nur Sie sind Sie selbst.* Sie sind der Mensch, dem kein Herrscher, kein Präsident, kein Star gleicht. In der Masse der Milliarden gibt es keinen, der Ihrer Persönlichkeit genau entspricht. Haben Sie je daran gedacht? Sie zucken mit den Achseln und murmeln vor sich hin: »Was geht das mich an, was ändert das an meinem Leben?«

Wiederholen Sie diese Fragen!

Seien Sie mißtrauisch gegenüber dem, was ich sage! Schließen Sie das Buch, wenn Sie wollen, auch voller Wut. Mit dem Gefühl, daß ich Ihnen schmeicheln will. Empören Sie sich. *Denn ich werde Ihnen weiterhin diese wesentlichen Wahrheiten sagen, die Sie vergessen haben oder nicht wissen wollen.*

Ich sage es Ihnen noch einmal: »*Sie sind einzigartig.*«
Es ist skandalös, daß der Mensch diese Tatsache vergißt,
die außergewöhnlichste seines Lebens. Es ist Torheit, zu
glauben, daß der Mensch nur die Erscheinungen wahr-
nehme; dann glaubt er, er sei nur ein Sandkorn, anderen
Sandkörnern ähnlich, den Männern und Frauen, die mas-
senhaft in ihre Büros strömen, die Straßen und Kaufhäu-
ser bevölkern und deren Gesicht – ich sage es wieder – Sie
nicht mehr sehen.

Ich rufe Ihnen zu: »Passen Sie auf!«
Diejenigen, die nicht wissen, die vergessen oder niemals
gelernt haben, daß jeder Mensch einzigartig ist, können
zu Barbaren und Henkern werden. Ich habe sie gesehen,
die »Bestien mit Menschengesicht«, die meine Familie,
mein Volk in dem grausamen Krieg in den Tod trieben.
Was waren wir für sie? Nichts. Weniger als Sandkörner.
Sie stopften uns in die Eisenbahnwaggons. Sie trieben uns
in die Gaskammern. Sie warfen uns in gelbe Sandgräben,
und unsere Körper wurden zu Sand. So war es. Nichts ist
zerbrechlicher als der Mensch. Man kann ihn so schnell
zerstören, so leicht. Der Stahl dringt ohne Schwierigkeiten in ihn ein. Und man kann ihn so einfach ersetzen. Ein
Waggon voller Menschen wurde in den Tod getrieben,
ein anderer kam an.
Aber ich hatte das *Einzigartige, das jedes Leben ist,*
begriffen. Wie hätte ich dann das Wunder vergessen
sollen, das aus jedem von Ihnen eine *einzigartige Form*
des *Lebens* macht? Wie hätte ich hinnehmen können, daß

diese *einzigartige Form* austauschbar und zuschanden gemacht wird?

Entdecken Sie dieses Wunder in sich.

Denken Sie an die Menschenmassen bei Festveranstaltungen, Paraden, Fußballspielen auf den Rängen der Stadien. In dieser Masse ist jeder Mensch anders. Jeder Mensch hat sein Geheimnis. Sein einzigartiges Leben.

Denken Sie an sich. An die Geschichte Ihrer Familie, die durch die Mechanismen von Zufall und Vererbung Sie so gemacht hat, wie Sie sind. Seien Sie von dieser Wahrheit erfüllt: *Sie sind einzigartig.*

Und ich möchte, daß Sie daraus alle Konsequenzen ziehen. Nicht den Stolz. Er würde Sie noch blinder machen als das Vergessen Ihres Einzigartigseins. Sie sind einzigartig, aber vergessen Sie nie, daß das Gesetz, das Sie einzigartig sein läßt, auch alle anderen Männer und Frauen, ungeachtet ihrer Hautfarbe, ihrer gesellschaftlichen Lage, ihres Lebensraums, zu einzigartigen Wesen macht wie Sie es sind.

Es gibt Milliarden von Einzigartigen auf dieser Welt. Darin liegt das Geheimnis, die Schönheit und Größe unseres Lebens.

Jeder ist einzigartig, und doch sind alle dem gleichen Lebensgesetz unterworfen. Jeder trägt alle Geheimnisse des Lebens in sich. Sie haben manchmal nach einer Verletzung einen Tropfen Blutes an Ihrem Finger gesehen. Darin ist die ganze Welt enthalten, das Universum mit seinen Sternen, seinen Weiten, die sich in Lichtjahren messen und die das Licht mit 360 000 Kilometern in der Sekunde durchläuft. Hier ist das Geheimnis Ihres Lebens, des *Lebens*. Es organisiert sich in Ihnen auf einzigartige Weise. Wir können uns das nicht vorstellen. Und doch müssen wir es versuchen, um zu ermessen, was wir sind, und um zu wissen, daß wir die *Schätze des Lebens* in uns tragen. *Wir sind, jeder von uns, Träger einer einzigartigen Botschaft. Die kostbarste davon sind wir.* Sie ist zugleich die alltäglichste. Weil Milliarden von Menschen Träger einer ebenfalls einzigartigen Botschaft sind. Stellen Sie sich eine lebendige Zelle Ihres Blutes vor. Teilen Sie die Zelle wieder und wieder. Bis Sie auf das unendlich Kleine stoßen, jenen Kern der Zelle, der millionenfach kleiner als das nicht mehr Wahrnehmbare ist. Hier endlich stoßen Sie auf das Molekül. Die Forscher haben es DNS-Molekül genannt.

Man muß es nochmals spalten, um die Atome zu finden. Ein Molekül Wasser enthält ein Atom Wasserstoff und ein Atom Sauerstoff. Ein DNS-Molekül enthält fünf Arten von Atomen: Kohlenstoff, Wasserstoff, Sauerstoff, Schwefel, Phosphor. Da der Mensch über die Macht der Wissenschaft verfügt, weiß man heute, daß diese Atome wie eine doppelte Schraubenwindung angeordnet sind; daß sie sich zu je drei gruppieren, daß diese Organisation die Botschaft ist, die, einzigartig für jeden von uns, bei jedem von uns anders aussieht und die, einem Geheimcode vergleichbar, bestimmte Merkmale von Generation zu Generation weitergibt, neue Verbindungen erfindet und uns zu dem macht, was wir sind.

Milliarden von Atomen und Molekülen, einfache Atome wie die, die man in der Natur und in der Atmosphäre findet: Schwefel, Wasserstoff, Sauerstoff, Phosphor, Kohlenstoff.

Denken Sie nach.

Ich weiß, Sie haben nicht die Zeit, täglich an diese Dinge zu denken. Das Leben reißt uns mit sich fort. Da ist die Arbeit zu machen, da sind die Probleme, die sie stellt; die Karriere, die es gegen die Konkurrenten zu verteidigen gilt, das Examen, das bestanden werden muß, das Gerede, vor dem man sich schützen muß. Die Zähne, die man pflegen muß. Das jüngste Kind, das Fieber hat, und der Arzt, der nicht kommt. Die Eltern, die krank werden. Die Arbeit, die vor Monatsende gefunden werden muß. Auch die Preise, die steigen; was Sie kaufen wollten, werden Sie nun nicht kaufen. Die Unterhaltungssendungen im Fernsehen, über die Sie lachen müssen. Die Nachrichten in den Zeitungen. Dieser Krieg in der Ferne, jener spektakuläre Überfall hier. Der Film, den Ihr Freund sehen will. Und Ihre Liebe, die Ihnen nicht schreibt. Und dann muß man auch noch schlafen und sich waschen.

Das alltägliche Leben, glücklich und unglücklich, das Leben, das vorübergeht.

Ich bitte Sie darum, sich Zeit zum Nachdenken zu nehmen. Sie werden diese Zeit finden. Ich weiß es, denn Sie haben dieses Buch offen vor sich liegen. Ich weiß, daß Sie

Fragen an sich haben. Daß Ihr Leben Sie interessiert und Sie wünschen, daß es sich entfaltet. Wie könnte es das, wenn Sie nicht nachdächten über den Platz, den Sie in der Welt einnehmen, und über den Sinn *Ihres Lebens?*

Nun bedeuten aber diese einfachen Atome in uns, die man auch im gesamten Universum findet, daß wir, jeder von uns in seiner Einzigartigkeit, mit unserem ganzen Körper in allen seinen geheimsten Teilchen, zum Universum gehören.

Betrachten Sie den Himmel an einem jener Abende, an denen der Wind die Wolken hinwegfegt und die Millionen Sterne sehen läßt. *Wagen Sie es, diesen Himmel zu betrachten und zu begreifen, daß Sie ihn in sich tragen.* Daß die Organisation des DNS-Moleküls dem Bild des gesamten Universums entspricht.

Sie sind ein Universum. Ebenso immens, unendlich wie der Kosmos. Haben Sie den Mut, darüber nachzudenken. Haben Sie den Mut, sich regelmäßig die Zeit zu nehmen, *Ihr Leben in das Leben einzubetten,* das die Welt umhüllt. Oft ist es gar nicht die Zeit, die Ihnen zum Nachdenken fehlt. Man hat Sie nicht gelehrt, nachzudenken. Oder Sie haben Angst. Sie zucken mit den Achseln. Diese Gedanken sind wie zu starker Alkohol, der Sie beunruhigt. Aber Sie haben unrecht.

Wenn Sie lernen, dieses doppelte Universum zu betrachten, dasjenige, das Sie selbst sind, und dasjenige, das Sie umgibt, wenn Sie begreifen lernen, daß sie nur zwei Seiten derselben Gesetze sind, dann entdecken Sie, daß jeder Mann und jede Frau, daß *Sie* das *Geheimnis* der Welt besitzen. Denn Sie sind das Universum, das komplexeste und das am besten organisierte, und indem Sie dieses Geheimnis leben, es in sich tragen, können Sie – und Sie sind es schon – das *Zentrum der Welt* werden. Und die *Energie des* Universums ist in *Ihnen.*

Hören Sie jetzt auf zu lesen.
Denken Sie nach
über das doppelte Universum.
Lassen Sie diese Seiten jemanden lesen,
der Ihnen nahesteht.
Sprechen Sie mit ihm.
Erklären Sie es ihm,
erklären Sie sich.

Ich möchte, daß Sie jetzt davon überzeugt sind: *Sie sind der Mittelpunkt der Welt, denn Sie tragen die ganze Welt in sich.* Wenn Sie den Himmel betrachten, das Unendliche, brauchen Sie sich nicht, wie manche Dichter gesagt haben, ausgelöscht zu fühlen. Sie sind nicht unendlich klein gegenüber der Größe, das Unendliche ist auch in Ihnen. Aber Sie müssen das wissen. Sie müssen fühlen, daß dieses Wissen über sich selbst für Sie wie ein Hauch frischer Luft und ein Windstoß voller Freude ist. Denn Sie sind das Universum. Aber – ich wiederhole es – jeder Mann, jede Frau ist Ihnen gleich. Sie sind einzigartig und Sie sind alltäglich. Sie sind wie das Ganze – das Universum –, aber Sie sind auch wie das Nichts – eine simple Masse organisierter Atome.

Es liegt an Ihnen, nachzudenken, an Ihnen, diese einfachen Worte, die ich benutze, zu begreifen, die Worte des Alltags, an Ihnen, zugleich stolz und bescheiden zu sein aufgrund Ihrer Situation als Mensch. Sagen Sie nicht mehr: »Ich bin nichts, mein Leben ist nichts wert, wenn das Leben so ist!« Beklagen Sie sich nicht mehr. Sie haben das Universum in sich, sein Geheimnis, seine Organisation. Sie sind dem bestirntesten, geheimnisvollsten Himmel gleich.

Sie sind noch skeptisch. Oder besser, Sie können nichts anfangen mit dem, was ich Ihnen zu sagen versuche. »Ein Mittelpunkt der Welt?« Und Sie schwanken zwischen einem Lächeln und schlechter Laune.

Hören Sie, ich bin nicht allein zu dieser Schlußfolgerung gekommen. Man geht seinen Weg niemals ohne Hilfe. Nur die der Stolz blendet, glauben das. Vor Ihnen gab es immer schon Menschen, die Ihnen die Richtung wiesen oder als erste das Gestrüpp aus dem Weg räumten.

Mein Vater war mein erster Führer. Derjenige, der mich den Mut und die Hartnäckigkeit meines Volkes lehrte und mir sein Beispiel gab. Dann ist ein Bauer gekommen. Er besaß etwa hundert Kilometer von meinem Haus entfernt einen kleinen Hof in einer der schönsten Gegenden, die ich kenne. Zwischen zwei kahlen Höhenrücken, die man nur mühsam erklimmt, liegt eine weite Ebene, in der das Wasser reichlich fließt. Bäume, ausgedehnte Wiesen, Flüsse, Teiche.

Jedesmal, wenn ich ihn besuchte – ich nannte ihn Jo –, war ich von dem Gegensatz überrascht. Man durchquerte eine enge Schlucht, die sich in den weißen, schroffen Felsen gegraben hatte. Man glaubte, nun würde sich eine Wüste aus Stein vor einem ausbreiten, und da hatte man im Gegenteil die Lieblichkeit der grasbewachsenen Zonen und eine dichte Waldlandschaft vor sich. Jo bebaute eine Parzelle dieser Ebene und besaß auch einen Teil des Waldes und des felsigen Höhenrückens.

Ich hatte ihn zufällig kennengelernt, als ich mich an der Küste niederließ. Damals war er noch Landarbeiter, auch Maurer, und er hatte bei den Restaurationsarbeiten an meinem Haus geholfen. Ich mochte seine ruhige, sichere Art zu arbeiten, wie er eine Mauer auf die alte Art hochzog, ohne daß zwischen die Steine auch nur eine einzige Schicht Zement kam. Wenn er die Steine hob und sie aufeinanderschichtete, hatte er eine Haltung voller Würde und Sicherheit. Ich wußte, wie schwierig es war, ohne Zögern den Stein ausfindig zu machen, der zwischen die anderen paßte. Er täuschte sich nicht, er schien nicht hinzusehen, und seine Wahl war doch die richtige. Eines Tages hatte er die Baustelle verlassen: »Ich habe jetzt genug«, hatte er mir gesagt. »Ich werde den Hof da oben kaufen. Sie werden eines Tages zu mir kommen, ich weiß es. Denn Sie sind auf dem Weg.«

Ich hatte diesen mir unverständlichen Worten keine weitere Aufmerksamkeit geschenkt. Vor allem aber war ich damals mit meinen Plänen beschäftigt, mit meiner Familie. Warum hätte ich diesem Unbekannten zuhören sollen, über den seine Arbeitskollegen spöttelten? Während der Pause hielt er sich immer etwas abseits. Er las immer das gleiche Buch, das er mir einmal gezeigt hatte, es hatte einen Umschlag ohne Titel und ohne Autorennamen. Später habe ich dieses Buch mit dem fahlroten Umschlag bei ihm wiedergesehen. Es beinhaltete zahlreiche Darstellungen von Sternen, Blumen und Tieren. Es mußte ein altes Buch sein, und es erinnerte mich an die Bücher, die ich in Warschau in der Familie meines Onkels gesehen hatte. Ich war verwundert, ein solches Buch in den Händen eines Menschen zu sehen, den ich damals für einen Landarbeiter und Maurer hielt. Wir fallen immer auf den Schein herein, und ich verstand damals noch nicht, daß der Beruf wenig zählt, daß hinter der Erscheinung der Mensch steckt und man ihn suchen muß.

Dann hat sich mein Drama ereignet. Der große Brand hat mein zweites Leben zerstört, das Leben, das ich aufgebaut hatte, das mir ewig erschien und von dem ich mir vorstellte, daß es nach mir fortdauern würde, für immer. Ich träumte davon, daß meine Kinder um mich wären, wenn sich die letzte Krankheit meiner bemächtigt hätte. Ich hatte mich getäuscht. Ich war es, der die Begräbnisurnen in seinen Händen trug. Sie waren tot, die Meinen, und ich lebte.

Als ich wieder begann, mich umzuschauen, als ich hinausgehen konnte, wurde ich – ich weiß nicht warum – in die Richtung des Hochlandes getrieben, dahin, wo Jo lebte. Ich wußte nicht, daß ich ihn suchte, daß ich es nötig hatte, mit ihm zu sprechen. Wenn mir jemand gesagt hätte: »Sie werden Jo begegnen«, hätte ich sicher gefragt: »Wer ist Jo?« Ich war zu sehr in meinen jüngsten Erinnerungen eingeschlossen, als daß mir der Name von Jo wieder ins Gedächtnis hätte kommen können. Und doch, dessen bin ich heute sicher, war er es, den ich suchte.

Als ich die enge Schlucht durchquert hatte und die ausgedehnte Wiesenfläche, die Bäume im Hintergrund und das kleine Haus aus Holz und Stein nahe einer Quelle sah, hatte ich das erste Mal seit dem Brand die Empfindung von Frieden. Ich hielt meinen Wagen an und ging langsam auf das Haus zu. Da sah ich Jo. Er war verändert. Er erschien mir größer. Er trug längeres Haar und eine Art großen Mantel aus Fell und Wolle, wie ihn die Schäfer haben. Ohne daß ich ein Wort sagte, hat er mich an sich gedrückt.
»Du bist gekommen. Ich wußte, daß wir uns wiedersehen würden, daß du eines Tages kommen würdest.«
Nie vorher hatte er mich geduzt. Heute erschien mir sein Du-Sagen natürlich.
»Sie wissen?« fragte ich
»Du leidest«, sagte er.
Er wußte nichts von dem Brand, doch er hatte begriffen. Später hat er mir gesagt, er habe intensiv an mich denken müssen, ohne Grund, und habe mich von Schwärze umgeben gesehen. Als er mich bemerkt habe, wie ich auf ihn zuging, habe er schon an meiner Gangart gesehen, daß mich ein Unglück getroffen hatte. Er sagte auch:
»Das Unglück hing seit einigen Tagen in der Luft.«

Ich habe bis jetzt noch nie über Jo gesprochen. Ich habe ihn in meinen früheren Büchern nie zitiert, weil ich nicht wußte, wie ich von ihm sprechen sollte, ohne ihn zu verraten. Ich glaube, er beunruhigte mich, und ich hielt ihn für eine Art Zauberer und Hochstapler in einem. Für einen von diesen Bauern, die sich einen Namen machen, indem sie Schreckgeschichten erfinden. Jetzt habe ich begriffen und deshalb spreche ich von Jo.

Er besaß das Buch, jenes Buch mit dem fahlroten Ledereinband, in dem ich ihn auf der Baustelle in früheren Jahren habe blättern sehen. Es war eine Art Traktat über die Natur, das einer seiner Vorfahren geschrieben und das er beim Tod seiner Mutter wiedergefunden hatte. Es war von Hand geschrieben wie ein Tagebuch; der Autor hatte Tiere, Pflanzen und Sterne gezeichnet, die, so erklärte mir Jo, eine Rolle im Leben des Menschen spielten, wenn er begriff, daß er nicht der einzige Repräsentant des Lebens auf der Erde war.

An jenem Tag hörte ich Jo aufmerksam zu. Die Worte, die er gesagt hatte, kamen mir wieder ins Gedächtnis. Ich fragte ihn, warum er davon überzeugt gewesen sei, daß ich eines Tages zu ihm kommen würde. Warum er gesagt hatte, daß »ich unterwegs sei«. Er antwortete: »Du warst nicht im Gleichgewicht mit dir selbst, und derjenige, der nicht im Gleichgewicht ist, kann sich nur nach der einen oder der anderen Seite neigen. Du warst dabei, dich nach der guten Seite zu neigen, der Seite des Lebens. Einige kippen nach der anderen Seite um. Aber ich wußte nicht, daß der Waldbrand nötig war, um dich zu mir zu bringen.«

Wir haben lange miteinander gesprochen. Ich habe ihn wieder aufgesucht und bin mit ihm in den Wiesen, in den Pinienwäldern und auf den kahlen Höhenrücken gelaufen.

Er sagte mir: »Du siehst, mein Hof hat die Lieblichkeit der Wiese, die Ruhe des Wassers, die Dichte des Waldes und die Kraft des Felsens. Da ist auch Leben und Gleichgewicht im eigenen Selbst.«

Ich erhebe nicht den Anspruch, Wort für Wort von dem wiederzugeben, was er sagte; doch möchte ich Ihnen sagen, was ich mir gemerkt habe, die Lektionen, die er mir gegeben hat, und warum ich glaube, daß sie auch von Ihnen verstanden werden.

Jo wußte, und Sie sollen es auch wissen, daß der Mensch das Herz der Welt ist. Wenn wir nachts auf den einsamen Straßen schweigend spazierengingen, er und ich, unter einem so dicht bestirnten, so klaren Himmelsgewölbe, daß es unwirklich erschien, lernte ich von ihm, daß man immer das Vermögen besitzen muß, den Himmel zu betrachten, sich immer vergegenwärtigen muß, welchen Platz der Mensch unter dem unendlichen Himmel einnimmt.

Er sagte mir auch auf seine Weise, daß derjenige, der weiß, daß er im Herzen der Welt ist, alle geheimen Kräfte der Welt in sich sammeln kann. Daß Verbindungen entstehen, die sich aus nichts als aus der Übereinstimmung erklären, in der ein Mensch mit seiner Umgebung lebt:

mit den anderen zunächst, aber auch mit den Tieren, auch mit den Bäumen und auch mit dem, was weiter entfernt und höher ist, dem Himmel, der Natur in ihrer Gesamtheit.

Wenn ich das schreibe, weiß ich, daß es Skeptiker gibt, die lächeln. Ich versuche nicht, sie durch Worte zu überzeugen. Ich sage ihnen: Ich habe es an meinem eigenen Leib erfahren, daß man, sofern man will, in Übereinstimmung mit der Welt leben kann.

Wenn man weiß, daß der Mensch im Herzen der Welt ist, kann man von der Welt und den anderen die ungeheuren, unendlichen Kräfte empfangen, die sie in sich bergen. Jo hatte das – warum? wie? – begriffen, und er hat mir geholfen, dieses Gesetz wieder in mir zu entdecken. Das Buch, das er las, geschrieben von einem aus seiner Familie, war eine Art Führer für denjenigen, der die Übereinstimmung mit dem Lebendigen suchen will. Und die Welt ist lebendig.

Aber wissen Sie es noch?

Sind Sie nicht meistens in der Menge verloren, inmitten der Waren, Gefangene des Zeitplans, der Sorgen, die man nicht vertreiben kann? Nehmen Sie sich die Zeit, die anderen, den Himmel, die lebendige Natur wirklich *anzuschauen,* so wie man es tun soll? Wie wollen Sie wissen, wer Sie sind, welches Ihr Platz im Universum ist, wenn Sie sich jeden Tag tiefer in den Zementtunnel vergraben, zu dem unsere Städte geworden sind, der in unserem Berufsleben und bei unseren dringenden Alltagsverrichtungen über uns lastet? Wie wollen Sie mit dem, was lebendig ist, die Harmonie und geheimen Verbindungen schaffen, mit deren Hilfe Sie in sich und für sich alle Kräfte des Universums erfassen können, wenn Sie sich verschließen, wenn Sie keine Beziehung zu dem herstellen, was lebt? Lernen, in der Welt seinen Platz zu finden, lernen, hinzuschauen, zu fühlen, festzuhalten, in sich zu sammeln, auch zu geben – das sind die Dinge, um die Sie sich bemühen müssen. Das ist keine Philosophie, keine Religion, keine Wissenschaft des Lebens. Aber denken Sie darüber nach. Sie gleichen dem Universum. Sie sind das Herz des Universums, und Sie sind aus dem gleichen Stoff gemacht. Aus den gleichen Atomen setzt sich Ihr Fleisch, Ihr Blut zusammen. Der einzige Unterschied besteht nur in der Organisation dieser Atome, in der Anordnung der Moleküle. Aber Sie sind die komplizierteste Organisation, die zerbrechlichste und zugleich stärkste.

Und Sie wollten mit der Welt nicht in Beziehung treten? Sie wollten sich in sich selbst zurückziehen? So tun, als ob Sie ein Stück Felsen wären oder eine niedrigere Form des Lebens?

Im Universum gibt es Kräfte, die wie Ähren auf einem Feld verstreut sind. Sie haben die Fähigkeit, sie zu sammeln, aus ihnen ein Bündel, einen Strauß zu machen. Jede Ähre wird sich Ihnen zuneigen und Ihnen ein wenig von ihrer Kraft schenken. Aber vielleicht verstehen Sie mich besser, wenn ich Ihnen sage, daß Sie wie eine hohe Antenne sein müssen, die nach allen Richtungen orientiert ist, denn aus jedem Teilchen des Universums kommen Botschaften, Ströme, Energien, die Sie bereit sein müssen zu empfangen. Dann wird sich Harmonie einstellen, und Sie werden eine Ahnung von Ereignissen und Möglichkeiten bekommen, die Ihnen sonst entgehen.

Wissen Sie, daß bestimmte Tiere ein Erdbeben im voraus ahnen? Wissen Sie, daß es wissenschaftlich erwiesen ist, daß einige unter uns hellseherische Kräfte besitzen? Experimente an amerikanischen Universitäten lassen hieran keinen Zweifel. Der Zufall und das Wahrscheinlichkeitskalkül spielen hier keine Rolle. Es ist etwas anderes, das hier wirkt und einige von uns dazu befähigt – Jo war einer von ihnen –, *vorauszusehen, vorauszuahnen, hellseherische Kräfte* zu entwickeln.

Deuten Sie das, was ich sage, nicht als die Bestätigung dafür, daß es okkulte Kräfte gibt, die auf geheimen Wegen einigen von uns die Fähigkeit vermitteln, zu wissen. Das Ganze ist einfacher und vielleicht geheimnisvoller.

Leben Sie in Übereinstimmung mit der Welt. Entdecken Sie Ihren einzigartigen Platz im Universum. Lernen Sie, das Universum zu erkennen, mit ihm eine Form der Beziehung herzustellen, die Ihnen *Wissen* und *Stärke* geben und die *Ihre Energie freisetzen wird.*

Deshalb müssen Sie sich jeden Tag die Zeit nehmen, an diese wesentlichen Dinge zu denken. Sie lassen sich immer von dem ablenken, was nicht wichtig ist. Das Wichtigste, das ist Ihr Leben; es ist das *Leben,* und es ist der

Sinn, den Sie ihm geben wollen. Alles andere sind nur notwendige, aber zweitrangige Kleinigkeiten. Und wir werden von Kleinigkeiten erdrückt.

> Treten Sie in Beziehung zu sich selbst,
> regelmäßig und methodisch.
> Nehmen Sie Kontakt auf zur Wirklichkeit,
> zu der Welt des Lebens.

Sie wohnen in der Stadt? Haben Sie eine Pflanze gekauft, auch wenn sie noch so klein ist? Haben Sie sich Zeit genommen, sie zu betrachten? Ihr Wachstum zu verfolgen?
Wenn Sie es nicht getan haben, tun Sie es. Nicht morgen, heute. Dann befreien Sie sich für einige Minuten von allem Zwang.

Was Sie für sich, mit sich selbst vollbringen wollen, ist wichtiger als all das, was Sie sonst zu tun haben.

> Lernen Sie sich selbst kennen.
> Denken Sie an sich.
> Denken Sie an Ihr eigenes Leben.

MEDITIEREN SIE

Sie stehen jetzt auf
und atmen FÜNF MINUTEN langsam, tief,
mit geöffneten Händen am Körper,
mit geschlossenen Augen,
mit der Ruhe, die in Sie dringt,
während Sie denken, daß Sie wie
die Pflanze sind,
aus derselben Materie gemacht
wie das ganze Universum.
Wenn Sie spüren,
daß Sie aus ihm Ihre Kraft schöpfen,
dann sind Sie bereit,
die Botschaft des Lebens zu empfangen,

STEHEN SIE AUF.
SCHLIESSEN SIE DAS BUCH.
SCHLIESSEN SIE DIE AUGEN.

Sie selbst, Ihre Gedanken, Ihre Träume, Ihr Leben, IHR BUCH.

Die wenigen Worte, die Sie jetzt niederschreiben und die Sie später, in einigen Jahren, wieder lesen, werden Ihnen gut tun, dessen bin ich sicher. Vertrauen Sie sich diesen Seiten an, als ob Sie mit einem Freund sprächen.
SCHREIBEN SIE!

_____

_____

_____

_____

_____

_____

_____

_____

_____

_____

_____

_____

_____

_____

_____

_____

_____

_____

_____

_____

_____

_____

5. Sie werden Sie selbst

Sie werden Sie selbst. Denn Sie sind sich vielleicht noch nicht ganz im klaren darüber, daß Sie nur ein Entwurf Ihrer selbst sind. Sie haben Ihre Entfaltung noch nicht erreicht. Wissen Sie das?

Ich spreche so zu Ihnen, weil ich die Momente kenne, in denen man – vielleicht weil plötzlich Stille im Zimmer herrschte oder man allein war – von Angst überwältigt wird. Sie sagen sich: »Das ist nicht möglich, ich wollte nicht nur das sein, was ich jetzt bin. Ich wollte mehr. Ich dachte, ich könnte eines Tages...«

Ihre Träume tauchen wieder auf, ganz deutlich, und Sie vergleichen sie mit der Wirklichkeit. Und da es zu schwer ist, Ihrer Enttäuschung ins Gesicht zu sehen, fliehen Sie vor der Angst, drehen den Fernseher oder das Radio auf. Oder – das passiert auch – Sie essen Süßigkeiten, Schokolade, oder Sie zünden sich eine weitere Zigarette an und dann noch eine. Sie müssen etwas tun, Sie müssen Geräusche hören. Und manchmal greifen Sie zu einem Glas Alkohol. Das macht warm ums Herz, wie man sagt.

In der Tat, Sie haben die Flucht ergriffen.

Es gibt noch andere geschicktere Formen, Ihre Angst davor zu maskieren, nicht Sie selbst zu sein, nicht Ihre Wünsche verwirklicht zu haben, nicht die Entfaltung Ihrer Persönlichkeit zu erleben. In diesen Formen der Maskierung drückt sich die Krankheit aus. Nicht alle Krankheiten, sicher nicht, aber viele. Denn – Sie werden sehen – die Krankheit kann beruhigen. Aber ja. Wenn man nicht mehr wagt, sich in die Hand zu nehmen, wenn man das – falsche – Gefühl hat, daß einem das Leben entgleitet, daß man nicht mehr das sein und werden kann, was man mit solcher Inbrunst gewollt hat, als man noch Hoffnungen in sich trug, dann kommt die Krankheit.

Die Krankheit ist ein Problem, das man nur scheinbar kennt. Da sind die Ärzte, die sie kurieren. Und indem man sie kuriert, beruhigt man sich und geht dem eigentlichen Problem aus dem Weg, das darin liegt, *sich wohl in seiner Haut zu fühlen.*

Glauben Sie nicht auch, daß es einfacher und beruhigender ist, eine Migräne zu haben, deren Ursache man nicht kennt, als sich die Frage zu stellen: *Was ist der Sinn meines Lebens?* Wie kann ich zu mir selber finden? Eine Migräne bekämpft man. In den Vereinigten Staaten liegt der Konsum an Aspirin bei 15 bis 20 Tonnen täglich, das heißt zirka 45 Millionen Tabletten! Und wenn die Migräne aufhört, kommen die Magenbeschwerden, die Verdauungsstörungen und dann die innere Unruhe und die Depression.

Sie müssen mich richtig verstehen. Sie wollten nicht wirklich krank sein. Aber Sie haben sich in die Lage gebracht, krank zu werden, und die Krankheit schützt Sie vor sehr viel tiefer liegenden Problemen, die Sie nicht zu lösen wagen oder nicht zu lösen vermögen, ja die Sie noch nicht einmal wahrhaben wollen.

Aber das ist immer noch zu einfach. Die Krankheit ist nicht nur Ihre Flucht, sie ist auch der *Beweis,* ein *Alarmsignal* Ihres persönlichen Kummers. Auch die einfache Krankheit ist niemals nur eine des Körpers, der Knochen, der Muskeln. Sie sind EIN GANZES, das unzerstörbar aus Geist – Denken – und Körper besteht. Sie können das eine vom anderen nicht trennen.

Kommen Sie, schlagen Sie die Zeitung auf, suchen Sie die Seite, auf der die Verkehrsunfälle aufgeführt sind. Denken Sie an eins der Opfer. Wie soll man da nicht glauben, daß Zufall und Pech hier entscheidend sind? Lassen Sie sich nicht täuschen. Die meisten Straßenunfälle werden durch Männer und Frauen verursacht, deren charakterliche Spannungen so stark, deren persönliche Probleme so schwerwiegend sind, daß sie den Unfall *suchen,* ohne es zu wissen. Sie fahren schnell, gefährlich. Oder ihre Zerstreutheit läßt sie die Gefahr vergessen, weil sie sie suchen; weil sie auch manchmal tief in ihrem Inneren den Tod wollen. Sie wissen es nicht, doch sind sie von diesem Todeswillen getrieben. Oder sie wollen sich beweisen, daß sie stark sind, denn in ihrem täglichen Leben sind sie schwach. Oder sie wollen sich einreden, daß sie ein guter Stern beschützt, daß sie unsterblich sind und noch Glück haben, wenn sie im letzten Augenblick mit Höchstgeschwindigkeit zwischen zwei Lastwagen durchfahren. Dann kommt der Tag, an dem es schiefgeht, und Sie sagen sich angesichts des Unfallberichts in der Zeitung: »Er muß getrunken haben«, oder: »ein Verrückter«, oder auch: »Was für ein Pech!«

Es ist nichts von alledem. Es sind Männer und Frauen, die vor sich selbst auf der Flucht sind, vor ihrem Leben; die sich weigern einzusehen, daß sie es nicht geschafft haben, sie selbst zu sein, und die die Krankheit oder den Unfall wählen, um Schluß zu machen. Oder sie nehmen einen

»Umweg« mit sehr präzisen Lösungen für ihre Probleme: Sie kaufen Aspirintabletten, gehen zum Arzt und reden von nichts anderem als von der Krankheit, um nicht über sich selbst reden zu müssen. Sie sehen nur die Krankheit, um sich selbst nicht sehen zu müssen.

Schauen Sie sich um: Vielleicht haben Sie eine Freundin, die an Depressionen leidet und dem qualvollen Zustand innerer Angst ausgeliefert ist. Sie schläft nicht. Sie verliert den Appetit oder wird dick. Sie interessiert sich nicht mehr für das, worin ihre Tätigkeit noch gestern bestand. Sie möchte sich am liebsten hinlegen, in den Schlaf versinken, und doch kann sie den Schlaf nicht finden. Dann geht sie zum Arzt. Fragen Sie sie, ob sie über sich spricht. Sie wagt es nicht. Oder sie denkt, das habe nichts mit ihrer Krankheit zu tun, oder sie könne nicht dadurch genesen, daß sie ihre persönlichen Probleme hervorholt. Sie schildert schnell die Symptome ihrer Krankheit. Und der Arzt?
Sprechen wir über die Ärzte. Ich stelle ihr Gewissen, ihre Kompetenz, ihren Eifer nicht in Frage. Aber sind Sie schon mal bei einem Arzt gewesen? Oft haben Sie das Wartezimmer voller Patienten gesehen, die schon lange warten. Und auch wenn Sie als einziger da sind, wissen Sie genau, daß die Aussprache mit dem Arzt von begrenzter Dauer ist. Der Arzt wird wie wir alle von der Zeit aufgefressen. Da sind all die Patienten, die er sich ansehen muß. Also macht man's in aller Eile, so schnell wie möglich.

Ich kenne eine siebzigjährige Frau, die an nervösen Depressionen litt, einer allgemeinen Gleichgültigkeit gegenüber dem Leben. Da war das Alter, ein Todesfall in der Verwandtschaft. Sie sprach bei einem sehr bekannten Psychiater vor, der sie fünf Minuten anhörte, fünf Minuten mit ihr sprach, sein Rezept in zwei Minuten schrieb und ihr zwölf Minuten, nachdem er sie in sein Sprechzimmer gebeten hatte, die Hand drückte.

Meinen Sie, das sei ausreichend, um über das Schicksal der geistig-seelischen Verfassung eines Menschen zu entscheiden? Welches Genie wäre in so kurzer Zeit fähig, ein ganzes Leben zu überblicken?

Denn die Depression kommt, wenn das Leben als Ganzes in Frage gestellt wird. Sicherlich gibt ein bestimmtes Ereignis oder die körperliche Müdigkeit Aufschluß über die Krankheit, doch sie faßt nur Fuß, wenn die gesamte Existenz von Linien der Schwäche durchzogen ist.

Aber diese alte Dame ging nach den wenigen Minuten beim Arzt mit einem langen Rezept davon: Pillen zum Schlafen und Pillen zur Beseitigung der Angst, Pillen zum Aufwachen und Pillen zur Anregung der Energie; dies alles mehr oder weniger gleichzeitig einem alten Körper mit dem Ziel verabreicht, einen Durchschnittswert zu erhalten. Als ob man das menschliche Wesen durch Addition und Subtraktion heilen könne: »Ich kombiniere drei und drei und erhalte sechs, ich ziehe zwei und vier ab und erhalte sechs minus sechs gleich null. Madame, Sie werden in kurzer Zeit Ihre Gesundheit wieder erlangen.« Wie soll man da nicht empört sein?

Ich habe gesehen, wie diese alte Dame innerhalb weniger Tage bei dieser Behandlung einen Teil ihres Gedächtnisses verlor. Sie lebte wie in einem Dämmerzustand, zwar ohne Ängste, aber verändert, mit matten Augen, und war nicht mehr imstande, mit ihrer unsicheren Hand die Gabel zu halten. Ich habe den Arzt angerufen. »Sie soll wieder kommen«, sagte er, »sie braucht eine höhere Dosis an Stärkungsmitteln.« Ich war nur ein Freund dieser Frau und konnte ihre Kinder nicht daran hindern, sie wieder zum Arzt zu bringen. Doch zum Glück haben sie selbst die Verordnung gelesen, nachdem wieder eine etwa zehnminütige Unterhaltung stattgefunden hatte. Als sie die lange Liste neuer Pillen sahen, beschlossen sie von selbst, einen anderen Arzt aufzusuchen, der dem Anschein nach weniger erfolgreich war, doch mehr Verständnis für das hatte, was die Seele und der Körper eines Menschen sind.

Was dieser Frau passiert ist, erleben viele Millionen Männer und Frauen, weil sie ebenfalls an Angstzuständen und nervöser Depression leiden. In den USA werden jährlich rund 300 Millionen Dollar für Beruhigungstabletten ausgegeben! Deprimiert sein ist die Krankheit unserer Zivilisation. Mit Pillen kurieren, die inneren Frieden geben, den Schlaf bringen, das ist oft die Lösung, zu der die Ärzte in gutem Glauben und mit gutem Gewissen greifen. Nicht allein deshalb, weil dies die Lösung ist, die man ihnen an den medizinischen Fakultäten beigebracht hat, sondern weil es auch das ist, was die Kranken erwarten.

Wenn ein Arzt einem seiner Patienten den Rat gibt:
»Hören Sie, Ihr Kummer und Ihre Unruhe existieren
wirklich, Ihre Angst sitzt tief; aber glauben Sie mir,
nehmen Sie kein Beruhigungsmittel, Sie verschlimmern
Ihr inneres Ungleichgewicht. Versuchen Sie lieber, die
Ursachen Ihrer Angstzustände herauszufinden. Vertrau-
en Sie sich denen an, die Ihnen nahestehen. Öffnen Sie
sich, sprechen Sie, versuchen Sie, Ihr Leben zu ändern.
Vielleicht ertragen Sie die Stadt nicht mehr oder Ihren
Beruf. Versuchen Sie, sich wieder in die Hand zu nehmen. Machen Sie täglich Körperübungen.«
Glauben Sie, daß der Kranke mit einer so vernünftigen
Medizin zufrieden ist? Sie ist zu anspruchsvoll. Sie fordert
eine persönliche wiederholte Anstrengung. Sie verspricht
keine Wunder. Was Sie dagegen oft von einem Arzt
erwarten, ist zunächst, daß er Sie beruhigt und Sie tröstet,
daß er Ihnen das Wunder verspricht. Oder daß er zumindest die Symptome der Krankheit zum Verschwinden
bringt. Geben Sie zu, Sie wünschen oft nur, nichts mehr
zu wissen, nicht mehr zu leiden.
In einem Punkt haben Sie recht; er betrifft das Leiden.
Man muß versuchen, es einzuschränken und, wenn möglich, sogar zu beseitigen. Doch nur unter der Bedingung,
daß Sie wissen, daß damit noch nicht die Ursachen des
Übels beseitigt sind. Wenn Ihnen ein Zahn weh tut und
Sie mehrere Aspirintabletten nehmen, wird der Schmerz
verschwinden, doch die Infektion des Zahns kann den
Kiefer erreichen, ohne daß Sie es überhaupt merken.
Denn der Schmerz ist ein Alarmzeichen. Das Fieber zum

Beispiel, das man mit allen möglichen Drogen zu beseitigen bestrebt ist, ist ein Mittel, mit dem sich der Organismus verteidigt. Die Krankheit ist oft selbst nur ein
Kampf, den Ihr Körper und auch Ihr Geist gegen einen
inneren Kummer ausficht.

Was tut nun die Medizin? Sie errichtet einen Damm
gegen die Krankheit, wie es die Konstrukteure tun, die
den Lauf eines Flusses unterbrechen wollen. Das Wasser
kann manchmal gestaut werden, aber wenn es an einer
Stelle aufgehalten wird und die Strömung stark ist, durchbricht es den Damm an anderer Stelle. Sie hatten Schmerzen in der Wirbelsäule. Einige Spritzen – und der
Schmerz verschwindet. Aber Ihre Angst taucht wieder
stärker auf. Einige Pillen – die Angst frißt nicht mehr an
Ihnen, aber Sie haben Rheuma in den Händen und in den
Knien. Wäre es nicht einfacher, der Strömung zu folgen,
um sie besser unter Kontrolle zu bekommen? Muß man
nicht die Krankheit immer dazu nutzen, die Krankheit zu
bekämpfen? Ist das nicht wie eine Impfung? Ich bin kein
Arzt. Ich kenne die Wunder, die die Ärzte vollbringen.
Ich sage, daß man sie jedesmal konsultieren muß, doch
glaube ich, die Gesundheit ist zuallererst die Sache eines
jeden einzelnen, ob Mann oder Frau. Ein Arzt ist macht-
los gegenüber einem Kranken, der sich gehen läßt. Dagegen erreicht ein Arzt alles, wenn der Patient sein Schicksal wieder in die Hand genommen hat.
Sich selber finden heißt zunächst, *Verantwortung* über-
nehmen für seinen *Körper und seine Gesundheit*. Ihn

nicht anderen überlassen, nicht erst das Signal der Krankheit abwarten, um zu entdecken, daß die komplizierte und empfindliche Organisation, die wir sind, Hilfe braucht. Zu sich selber finden heißt nicht, Tag um Tag diesen Körper, diesen Geist, also Sie selbst, der Sie einzigartig sind, Sie, der Sie im Herzen der Welt sind, zu zerstören. Das heißt im Gegenteil, Ihrem Körper, Ihrem Geist – und vergessen Sie nie, daß eins vom andern nicht zu trennen ist – die Möglichkeiten zur Entfaltung zu geben.

Wie? Seit Menschengedenken versuchen Scharlatane, Heilkundige, Ärzte, Philosophen, Anhänger des Yoga oder der chinesischen Philosophie, Vegetarier und Rohköstler, den Menschen zu heilen, ihm die Wege zum inneren Gleichgewicht, zum Glück, zur Macht oder zum Wissen zu weisen. Ich bin nur ein Mensch wie andere, wie Sie, ein Mensch, der viel gelitten hat. Ich habe viel gesehen, ich habe viel am eigenen Körper erfahren. Wenn ich das, was ich durch die mir zugefügten Wunden, durch die Ereignisse, an denen ich teilhatte, gelernt habe, mit dem vergleiche, was ich durch Lektüre gelernt habe, muß ich sagen, die Bücher haben mir wenig beigebracht. Es ist das Leben, das sich meiner bemächtigt und mir seine Lehren erteilt hat. Durch gewaltige Schicksalsschläge, durch unerwartete Ereignisse, die manchmal glücklich, meistens hart waren.

Ich habe gesehen, wie Menschen töteten. Ich habe so oft erlebt, wie sie für mich – den Menschen, der geschlagen umfällt – zu einem einzigen gewaltigen Körper wurden.

Dieses Universum, das jeder von uns ist, habe ich durch einen einzigen Schlag zerbrechen sehen. Und ich habe gesehen, wie das Leben von neuem entsteht, so empfindlich, so neu, so wunderbar. Ich habe den warmen, feuchten Körper meiner Kinder in den Händen gehalten, als sie dem Leib ihrer Mutter entschlüpften. Ich habe das Entsetzen der Krankheit erlebt. Den zerstörten Körper, der nur noch eine einzige Wunde ist.

Ich habe die Verzweiflung erlebt, wenn man mit der Welt Schluß machen will, und es versucht, indem man mit sich selbst Schluß macht. Ich habe den Krieg und das Feuer erlebt. Deshalb, wegen all dieser Dinge, bin ich wissend geworden. Ein wenig.

Und ich will Ihnen sagen, was ich gelernt habe. Es wird keine ausgeklügelte Technik und kein Vergleich der Religionen sein. Ich werde Ihnen nicht sagen, daß man Yoga machen oder sich nur von Rohkost ernähren soll. Ich werde Ihnen das sagen, was ich erfahren habe. Das, was ich für wahr halte. Das, was ich tue. Das, was ich glaube, Ihnen sagen zu müssen.

Sie müssen zu sich selbst finden.

Ihre erste Anstrengung muß darin bestehen, sich Ihres Körpers zu bemächtigen. Und dadurch ergreifen Sie auch Ihren Geist. Denn Sie können den einen ohne den anderen nicht kontrollieren. Sehen Sie sich das kleine Kind an, es lernt laufen, es krabbelt auf allen vieren, es versucht ungeschickt und hartnäckig, sich aufzurichten, es fällt wieder. Es beginnt von neuem. Dann wird es versuchen, einen Gegenstand zu greifen, es führt ihn zum Mund, als ob es ihn verschlingen wollte, um ihn besser *greifen* zu können, als ob es sich seiner bemächtigen wollte, um besser zu *begreifen*. Sie, die Sie kein Neugeborenes mehr sind, sind Sie sicher, daß Sie über Ihren Körper verfügen können? Daß Sie nicht ähnlich ungeschickt sind wie das kleine Kind?

Versuchen Sie eine einfache Übung:
Stehen Sie auf. Schließen Sie die Beine, halten Sie die Fersen am Boden, gehen Sie in die Knie bis in die Hocke. Machen Sie diese Übung mit horizontal ausgestreckten Armen. Das ist so gut wie nichts. Fiel es Ihnen leicht? Wenn es Ihnen schwerfiel, stellen Sie fest, wie weit Ihnen Ihr Körper bei einer der einfachsten Bewegungen nicht gehorcht, wie notwendig es ist, daß Sie sich schnell wieder in die Hand bekommen, damit diese allereinfachsten Gesten Ihnen wieder vertraut werden. Betrachten Sie das Kind – es beugt sich und biegt sich. Sein Körper ist vollkommen geschmeidig. Es berührt mit dem Mund seinen großen Zeh.
Für Sie kommt es nicht darauf an, diese verlorengegangene Geschmeidigkeit, die einer vorübergehenden Lebensphase entspricht, wiederzufinden, sondern darum, nicht zu einem Skelett zu erstarren.

Versuchen Sie eine andere Übung: Atmen Sie langsam ein, halten Sie die Beine gestreckt, bücken Sie sich mit gestreckten Armen und versuchen Sie, den Boden zu berühren. Erzwingen sie nichts, sondern ermessen Sie nur, wie starr Ihre Muskeln sind, wie sehr Ihr Körper sich gegen etwas wehrt, was nur eine der einfachsten Bewegungen ist.

Zucken Sie nicht mit den Achseln angesichts einer Sache, die Ihnen unbedeutend und ein wenig kindisch, vielleicht auch etwas lächerlich vorkommt. Sie laufen Gefahr, ohne es zu wissen, sich in Ihrer ganzen Persönlichkeit dem Bild Ihres Körpers anzugleichen: schwerfällig, ohne Geschmeidigkeit, starr. Wie wollten Sie sich dem Leben, das so flüchtig, so beweglich ist, anpassen, wenn Sie Ihre Beweglichkeit und Biegsamkeit verloren haben?

Wollen Sie zu sich selbst finden?
Beschließen Sie nicht morgen, sondern in diesem Augenblick, daß Sie Ihren Körper in die Hand nehmen werden, daß Sie ihm seine verlorengegangene Geschmeidigkeit wieder zurückgeben werden.

Sie brauchen sich keine komplizierten Übungen vorzunehmen, die aus Indien oder aus China kommen. Sie *atmen* einfach *jeden Tag morgens* – und bald auch abends – *langsam und tief ein und aus, Sie konzentrieren Ihre Aufmerksamkeit auf diesen so einfachen Akt,* den Sie als *Willensübung* ausführen.

Dann *machen Sie fünf Kniebeugen.*

Dann *versuchen Sie, mit geschlossenen und gestreckten Beinen den Boden mit Ihren ausgestreckten Fingern zu berühren.*

Sagen Sie nicht: Das ist zu einfach.

Sagen Sie nicht: Das langweilt mich.
Sagen Sie nicht: Das führt zu nichts.
Sagen Sie nicht: Heute habe ich keine Zeit.

Beginnen Sie.
Stellen Sie sich auf Ihren eigenen Rhythmus ein.
Aber machen Sie jeden Tag diese Übungen, so ergreifen
sie Besitz von sich selbst.

> Sie werden Sie selbst.
> Sie können es, wenn Sie wollen.
> Legen Sie jetzt das Buch weg.
> Denken Sie über das nach, was Sie eben mit mir
> beschlossen haben.
> Sie werden heute damit anfangen.

Sie werden Sie selbst, denn wenn Sie die einfachen Körperübungen machen – atmen, beugen –, wird sich Ihr
Körper nach und nach – er braucht einige Tage dazu –
immer stärker Ihren Wünschen anpassen. Auf diese Weise verringern Sie den Abstand, der zwischen dem, was Sie
wollen, und dem, was sie können, liegt.
Denken Sie daran, daß es Menschen gibt, die aus dem
gleichen Fleisch und den gleichen Muskeln bestehen wie
Sie, denen die Kontrolle über die Bewegung von Organen
gelingt, die wir für die unabhängigsten halten: Sie ver-
langsamen beliebig den Herzrhythmus, sie setzen ihre
Eingeweide in Bewegung, sie haben eine so genaue

Kenntnis von den Mechanismen ihres Körpers, daß ihnen fast nichts entgeht. Sie sind fähig, ihre Wangen mit einer langen Stahlnadel zu durchstechen, weil sie aufs genaueste ihre Nervenzentren zu isolieren vermögen. Sie widerstehen dem Schmerz, oder besser, sie beseitigen ihn.

Sie und ich, wir können diesen Grad an Kenntnis und Kontrolle nicht erreichen. Er ist das Ergebnis einer lebenslangen Arbeit im Rahmen einer langen orientalischen Tradition, die nicht die unsere ist. Aber schauen Sie sich diese Männer an – »Fakire« genannt –, es ist nichts an ihnen, das nicht auch in Ihrem Universum enthalten wäre. Sie gehören nicht einer höheren Rasse an. Sie sind nicht im Besitz irgendeines Geheimnisses, das von woanders kommt. Ihre Selbstbeherrschung ist ganz einfach die Frucht eines intensiven Trainings, eines kämpferischen Willens, der sich in eine einzige Richtung entwickelt hat: die Kontrolle über ihren Körper.

Ich habe eine Frau gekannt, die keinen Aufzug betreten konnte. Wenn sich die Tür schloß, wurde sie rot und rang nach Atem. Sie hatte das Gefühl zu ersticken, weil sie fürchtete, daß der Aufzug stecken bleiben könnte. Sie kennen in Ihrer Umgebung sicher einen jener Menschen, die auf ähnliche Art von plötzlicher Atemnot überfallen werden. Als ich diese Dame vor einigen Tagen wiedersah und feststellte, daß sie sich noch immer weigerte, einen Aufzug zu betreten, dachte ich an den Yogi, den ich in San Francisco gesehen hatte; ein magerer Mann mit kupferfarbener Haut, leuchtenden Augen und tiefschwarzem, glänzendem, nach hinten gebundenem Haar.

Man spürte schon, wenn man ihn gehen sah, daß er sich jeder seiner Muskeln sicher war, daß er intensiv ihre Bewegungen verfolgte und daß er jede instinktive Geste seiner bewußten Kontrolle unterwerfen konnte.

Er machte eine Tournee in den USA, und seine Darbietungen waren eine Mischung aus Vorstellung und Initiation. Er empfing jedesmal in einem der Salons eines großen Hotels ein ausgewähltes Publikum, mit dem er diskutierte und dem er einige seiner »Nummern« vorführte. Ich erinnere mich an eine. Er legte sich in einen langen Kasten, der einem Sarg ähnelte. Ein hermetisch abgeschlossener Kasten. Der Deckel wurde zugeschraubt, und er konnte mehrere Stunden so aushalten. Er behauptete: mehrere Tage. Ein anderer Yogi blieb mit einem kleinen Vorrat an Luft in einem Glassarg liegen und verfiel in eine Art verlangsamten Schlaf.

Weder Sie noch ich sind Fakire. Weder Sie noch ich sind dazu fähig, unsere Funktionen in diesem Grad zu kontrollieren. Aber wir müssen wissen, daß Menschen so etwas können. Und wir dürfen nicht hinnehmen, daß wir unseren Impulsen, unseren Ängsten, unserer inneren Rastlosigkeit so ausgeliefert sind wie jene Dame, die in einem Aufzug das Gefühl hat, ersticken zu müssen.

Denn sehen Sie sie an, sehen Sie sich an, wenn Sie ähnliche Angstvorstellungen haben; sie ist wirklich am Ersticken, als ob sie keine Luft bekäme, obwohl diese zwischen Aufzugstür und Schachtwand frei zirkuliert. Und dennoch bekommt sie keine Luft. Die Realität ist bedeutungslos. Die Frau erlebt wirklich diesen Mangel an Luft. Gibt es einen besseren Beweis für die Macht unserer Vorstellung, unseres Geistes über unseren Körper, über das, was er fühlt?

Das ist es, was Sie versuchen müssen zu beherrschen. Das ist es, was Sie wissen müssen, wenn Sie zu sich selbst finden wollen; um nicht zum Sklaven der Ängste zu werden, die in Ihnen sind, deren Ursprung Sie nicht kennen und die Ihr Leben in eine Hölle verwandeln können. Sie werden die Auswirkungen der Krankheit spüren, auch wenn Sie nur ein »eingebildeter Kranker« sind. Und Sie werden dann auch von den heute gängigen Leiden befallen: Depression, Angstzustände, Niedergeschlagenheit, alles schwere Erkrankungen der Geisteskräfte.

Wenn Sie sich dieser Gefahren bewußt sind, die das Gleichgewicht Ihres Körpers und Ihres Geistes bedrohen, so dürfen Sie Ihr Verhalten nicht dem Zufall überlassen und nicht nur dem Instinkt überantworten.

MEDITIEREN SIE

Ich habe Ihnen einige elementare Übungen angegeben. Haben Sie sie gemacht?

Entreißen Sie Ihrem Tageslauf die fünf Minuten, die für Ihre regelmäßige Atmung notwendig sind?

Machen Sie die beiden Körperbewegungen, die ich Ihnen empfohlen habe: beugen, neigen?

Haben Sie die Pflanze gekauft, die Ihnen ermöglicht, Tag um Tag den Gang des Lebens zu verfolgen?

Alles stützt sich gegenseitig: das Interesse am Leben, die Atmung, die Körperübungen. Wenn Sie nichts davon getan haben – wozu noch Ihre Lektüre fortsetzen? Ich sage Ihnen: Lassen Sie das Buch liegen, geben Sie es anderen. Es ist für Sie nur ein lebloser Gegenstand, ein Stein, den Sie mit Ihrer Fußspitze berühren und den Sie zurückstoßen. Es ist nicht Ihr Buch geworden. Es bleibt Ihnen äußerlich. Und dieses Buch ist nur dann wertvoll, wenn es in Sie dringt, wenn die Worte, die Sie lesen, in Ihnen wohnen, wenn sie so weit zu den Ihrigen geworden sind, daß Sie mit Ihren Bekannten darüber sprechen.

Ist dieses Buch wirklich das Ihrige? Schlagen Sie einige Seiten auf, die Sie bereits gelesen haben. Und denken Sie bei der Lektüre über sich nach. Fragen Sie sich, ob Ihr Leben jetzt klarer vor Ihnen liegt, ob Sie wirklich sich selber finden wollen. Wollen Sie es?

Schließen Sie das Buch.
Meditieren Sie.
Atmen Sie langsam und tief.
Sie wollen zu sich selber finden.
Sie werden sich selber finden.
Schließen Sie das Buch.
Schließen Sie die Augen.

**Sie selbst, Ihre Gedanken, Ihre Träume, Ihr Leben,
IHR BUCH**

Beginnen Sie noch nicht, das Buch wieder zu lesen.
*Lesen Sie die Worte, die Sie in sich tragen. Ergreifen Sie
diese Worte und SCHREIBEN SIE sie auf diese Seite,
ganz FREI.*
*Sie werden sich wohler fühlen, freier, nachdem Sie FREI
geschrieben haben.*
SCHREIBEN SIE die Worte, die Ihre eigenen sind.

_____

_____

_____

_____

_____

_____

_____

_____

Die fünf Geheimnisse Ihrer Zukunft

6. Machen Sie sich klar, was Sie wollen. Handeln Sie so, daß man Sie liebt.

Sie sorgen sich um Ihre Zukunft. Sie möchten, daß sie so gut wie nur möglich wird, daß sie Ihnen die Möglichkeit gibt, das zu verwirklichen, was Sie erhoffen, für sich und für diejenigen, die Sie lieben. Wenn Sie eine Zeitung kaufen, ist Ihre erste Lektüre oft das Horoskop. Sie kennen Ihr Sternzeichen – auch ich kenne meins – und sehen schnell nach, was man Ihnen für die kommenden Tage voraussagt. Sie behaupten, daß Sie eigentlich nicht an diese Voraussagen glauben, aber Sie lesen sie begierig und sind enttäuscht, weil sie immer vage und ungenau sind. Der Astrologe muß die Neugier vieler Millionen Menschen befriedigen, die dasselbe Sternzeichen haben wie Sie. Wie könnte er da detaillierte Voraussagen riskieren, die für alle in diesem Sternzeichen Geborenen Gültigkeit besäßen?

Ihre Neugier hinsichtlich Ihrer Zukunft ist berechtigt. Es ist richtig, daß Sie etwas über Ihre Zukunft wissen wollen, und die Astrologie enthält in ihrem allgemeinen Prinzip auch einen Teil Wahrheit. Wir gehören zum Universum und sind in allen Teilen unseres Körpers und unseres Geistes mit ihm verbunden. Wir empfangen die mehr oder weniger starken Strahlungen der Sonne und der Planeten. Wir werden von der Drehbewegung der Erde mitgetragen, und auch unsere ganze Galaxis zieht uns in ihrer regelmäßigen Verschiebung mit sich – warum sollten sich da diese Strahlungen, diese Bewegungen nicht auf uns auswirken? Werden die Ozeane nicht auch im Auf und Ab ihrer Gezeiten vom Mond mitgezogen?

Wer kann behaupten, daß unser Geist, unser Körper in ihrer Aufnahmefähigkeit und Komplexität nicht auch Einflüsse zu empfangen vermögen, die aus den entferntesten Himmelsräumen kommen? Warum sollte das Kind, das im Januar geboren ist, mitten im Winter, wenn die Nacht herrscht, nicht eine andere Prägung haben als das Kind, das im August geboren ist, wenn das strahlende Licht der Sonne dominiert?

Es ist verständlich, daß die Geburtsorte und die Geburtsstunde auch Faktoren sind, die den Charakter bestimmen. Der Steinbock ist anders als der Löwe, ich will es gerne zugeben. Aber wie soll man die Vorstellung akzeptieren, daß Tag um Tag unsere Handlungen in ihrem alltäglichen Ablauf durch Ort, Tag und Stunde unserer Geburt bestimmt sein sollen?

Suchen Sie jemanden in Ihrer Umgebung, der Ihr Sternzeichen hat. Vergleichen Sie Ihr Leben mit dem seinigen. Es ist, als ob Sie versuchten, zwei Labyrinthe übereinanderzuschichten. Vielleicht sind die Anfänge die gleichen, aber dann werden die Linien vielgestaltiger, und wenn sie sich auch manchmal ähneln, wissen Sie doch, daß sie sich voneinander unterscheiden.

Denn es ist das eigentliche Prinzip unseres Lebens, daß wir, jeder von uns, einzigartig sind. Es gibt nicht zwei Wege, die genau einander gleichen. Ihr Leben ist Ihre Schöpfung, Ihre Art und Weise, auf die Welt zu reagieren.

Natürlich gibt es Temperamente und Charaktere, die sich gleichen. So haben vielleicht alle Steinbock-Geborenen ähnliche Neigungen. Sie sind ernster – ich kenne einige sehr gut – als diejenigen, die im Zeichen des Wassermanns oder der Fische geboren sind. Aber das sind nur die Ursprünge.

Die Erde ist wertvoll in sich, doch von zwei guten, fetten, fruchtbaren Böden wird nur derjenige Ernte bringen, der bepflanzt, bearbeitet und gewässert wurde. Das Geheimnis Ihrer Zukunft liegt nicht in den wöchentlichen Horoskopen, nicht im Kartenlegen oder in den Kristallkugeln der Hellseher, *Ihre Zukunft halten Sie in Ihren Händen.*

Ich will Sie so weit bringen, daß Sie über Ihre Zukunft entscheiden können. Ich will, daß Sie auf sich zählen können. Denn es reicht nicht, zu entscheiden, man muß sich seiner selbst sicher sein.

Was wäre ein Fahrer wert, der vor einer langen Reise nicht seinen Motor überprüfte und den Tank füllte?

Sind Sie sicher, daß Sie sich nicht auch so verhalten? Sind Sie sicher, daß Sie genügend vorausschauen?

Sie haben große Wünsche. Sie wollen dies und jenes erreichen, doch haben Sie sich einmal die elementare Frage gestellt: »Was wünsche ich mir wirklich in meinem Innersten? Welches ist meine Wahrheit? Welches der echte Wunsch, der nur mir gehört?«

Wir leben nämlich in einer Welt, deren Bilder in uns dringen. Täglich sind wir einer machtvollen Propaganda ausgeliefert. Nicht nur der politischen Propaganda – die ist von geringer Bedeutung, weil sie erkennbar ist. Die andere, die stärkere, ist die Propaganda, die uns durch Filme und Kommentare die Vorstellung vermittelt, daß wir wie die Schauspieler leben müßten, die wir auf dem Bildschirm des Fernsehens agieren sehen. Ohne daß Sie es überhaupt merken, machen sie mit Ihnen, was sie wollen. Und Sie wollen es ihnen gleichtun.

Sie glauben, dieses Wollen käme aus Ihnen selbst, es entspreche Ihrem Charakter, einem wirklichen Bedürfnis, das in Ihrer Seele ist. Sie sind aber nur der Reflex, das Echo dessen, was Sie hören. Ihr Wille ist nur der Wille anderer.

Manchmal will man Ihnen etwas verkaufen. Und das gemeine Gesetz des Geldes bemächtigt sich Ihrer. Ich hörte einmal einer Frau zu, die im Flugzeug vor mir saß. Sie war mit der Einrichtung ihres Hauses beschäftigt und sagte: »Ich will runde Spülbecken haben, die rechteckigen nimmt man heute nicht mehr. Das Rechteckige ist außerdem nicht so schön wie das Runde. Ich möchte auch die Arbeitsplatte in der Küche aus Holz haben. In einem Kaufhaus habe ich gesehen, daß die Skandinavier mehr und mehr Küchen machen, die Spülbecken mit Holzeinfassung haben. Das ist sehr schön. Das wird heute so gemacht.«

Sie äußerte ihre Wünsche, und für sie waren es wirkliche Wünsche. Doch war sie nur ein Echo. Ohne sich darüber klarzuwerden, wiederholte sie passiv das, was andere in ihren Büros für sich selbst oder für den Zweck ausgedacht hatten, Frauen wie sie überall in der Welt davon zu überzeugen, daß sie ihre Möbel auswechseln und alle drei, vier Jahre das Schöne unter anderen Gesichtspunkten sehen müssen. So gibt es immer mehr Möbelfabriken, mehr Dekorateure, mehr Hersteller aller möglichen neuen Vorrichtungen. Und keiner fragt nach der Verschwendung, nach der Nützlichkeit und den wirklichen Bedürfnissen.

Ich habe dieses nebensächliche Beispiel gewählt. Doch ist es zugleich eins der beunruhigendsten. Der Mode folgen, der subtilen Werbung erliegen, die uns täglich mit Lebensweisen konfrontiert, die uns nicht entsprechen, heißt in Gefahr sein, Verhaltensweisen und Gewohnheiten anzunehmen, die uns zutiefst schaden können. Sehen Sie sich die abendlichen Fernsehserien an. Der Held ist ein junger Mann, schön, mutig, erfolgreich. Da ist die Heldin mit langem Haar. Sie sitzen sich gegenüber. Natürlich zündet sich der Held eine Zigarette an. Die Geste ist einfach. Er raucht mit Behagen. Und die Heldin ist verliebt und zündet sich auch eine Zigarette an, die der Held ihr anbietet. Es handelt sich nicht um eine Zigarettenreklame, sondern um das Bild in einer Fernsehserie, die ich mir zu Hause ansah, von der Handlung gepackt wie Sie.
Wie sollten Sie, die Sie sich das ansehen, den Griff nach der Zigarette, das Anzünden und das genußvolle Rauchen nicht auch natürlich, schön und verführerisch finden?
Sie rauchen?
So erinnern Sie sich an Ihre erste Zigarette. Sie haben gehustet. Sie wollten sich wahrscheinlich übergeben. Doch mußten diese Unannehmlichkeiten überwunden

werden, um dieser Geste willen, die für Sie ein Beweis dafür war, daß Ihre Kindheit nun hinter Ihnen lag. Sie wurden wie die Erwachsenen, die eine Zigarette nach der anderen rauchen. Und bald ist diese Geste, zu der Sie sich aufgrund einer bestimmten Werbung entschlossen hatten, zu einer Gewohnheit geworden, zu einer Notwendigkeit. Und Sie leiden, wenn Sie keine Zigaretten haben. Sie beeilen sich, rauszukommen, um eine neue Packung Zigaretten zu kaufen. Sie bieten welche an. Ihnen werden welche angeboten. Manchmal versuchen Sie, mit dem Rauchen aufzuhören, weil Sie morgens beim Aufstehen husten und das unangenehm, ja gefährlich ist, wie der Arzt sagt. Aber das ist Ihnen zu mühselig, unmöglich, denken Sie.

Dann gibt es die Bilder im Fernsehen, diese Schauspieler, denen das Rauchen so viel Spaß macht. Warum dann Ihnen nicht? In Wirklichkeit war das Rauchen nicht *Ihr Wunsch*. Sie sind der Werbung erlegen. Und das ist noch nicht das Schlimmste. Da sind andere, die den Verführungen der Drogen erliegen. Denn in der Gruppe, in der sie leben, wird das »Gesetz«, die »Mode«, die Werbung zugunsten der Droge gemacht. Wie viele junge Leute haben sich auf diese Weise verloren, weil Ältere, die sie bewunderten, auch Drogenabhängige waren. Und die erste Zigarette ist so gut wie keine, nicht wahr? Man sagt sich, das wird die letzte sein.

Es gibt auch diejenigen, die den Verlockungen der Gewalt erliegen. Das Milieu, in dem sie leben, erkennt nur die Stärke als Gesetz an. Und sie unterwerfen sich diesem

Gesetz. Sie wollen beweisen, daß auch sie Gewalt anwenden können.

Es gibt auch Menschen, die glauben, daß die Liebe nur eine Form ist, seinen Körper anzubieten. Denn als Zuschauer zu vieler Filme, als Leser zu vieler Illustrierten bilden sie sich ein, man müsse sich so verhalten. Sie unterwerfen sich dieser »Propaganda« und halten sich für »frei«, wo sie doch nichts als die »Sklaven« einer Mode sind.

Da gibt es diejenigen, die in ihren Körperformen unerreichbaren Vorbildern ähneln wollen und sich quälen in dem Versuch, abzumagern oder größer zu werden oder ihrem Busen die Dimension zu geben, die die Mode vorschreibt.

Da sind all diejenigen, die auf diese oder jene Weise Dinge tun, die nicht aus ihnen selbst kommen. Die ihre *Wahrheit, ihre wirklichen Bedürfnisse* verlieren. Die sich von außen eine *andere Wahrheit* und *falsche Bedürfnisse* diktieren lassen.

Es gibt keine schlimmere Krankheit, als diesen Irrtümern zu verfallen, die man sich selbst gegenüber begeht.

Sie sind nur noch ein Umherirrender, der sich in einem Labyrinth verloren hat.

Sie versuchen, ein Ziel zu erreichen, das in *Wirklichkeit nicht Ihres* ist, und Sie kämpfen sogar dafür.

Sie vergeuden Schätze an Energien und Fähigkeiten. Es kommt auch vor, daß Sie sich von Ihren Lieben trennen, weil Sie glauben, Ihre Wünsche lägen anderswo, sie ließen sich nur dann verwirklichen, wenn Sie Ihre Familie verlassen.

Und wenn Sie dann das Ziel erreicht haben, entdecken Sie, daß das, was Sie in Ihren Händen halten, *leer* ist.

Denn es war nicht wirklich Ihr Wunsch, der Sie trieb, sondern das, was die *anderen* Ihnen ohne Ihr Wissen aufgezwungen hatten und was über die tausend unsichtbaren Fäden zu Ihnen gelangt war, die – wie die Fäden eines Spinnennetzes – das soziale Leben ausmachen. Wenn Sie das nicht erreichen können, was Sie sich zu wünschen glauben, liegt es eben daran, daß der Wunsch nicht der Ihrige ist.

Ich kenne eine Frau um die Sechzig. Sie hat einen aufmerksamen Mann, drei Kinder und schon zwei Enkel. Sie ist bei guter Gesundheit. Ihr ganzes Leben war von der Liebe der Ihren beschützt. Aber sie hatte in ihrer Jugend geglaubt, daß sie für ein großes, abenteuerliches Leben geschaffen sei, daß sie ein Star oder die Gattin eines reichen Geschäftsmannes werden würde. Man braucht nur zu sehen, wie sie sich mit ihren Enkeln beschäftigt, um zu wissen, daß sie in Wirklichkeit ganz und gar für das Leben gemacht war, das sie geführt hatte: ein ruhiges und zufriedenes Familienleben.

Und doch, hören Sie dieser Frau zu: In ihrer Stimme liegen nur Klagen und Bedauern, sie vergißt darüber die tiefen Freuden ihres gegenwärtigen Lebens, die für sie ebenso unverzichtbar sind wie für andere die Abenteuer. Sie hat jenes Leben vor Augen, von dem sie einen Moment lang geträumt hat, das ihr Kino und Romanlektüre aufgedrängt haben. Dieses falsche Ziel, das sie erreichen wollte und das ihr entglitten ist, zerstört ihr augenblickliches Glück, das doch dasjenige ist, für das sie geschaffen war. Wie soll man das anders bezeichnen wenn nicht als eine *Tragödie*?

Sicher gibt es tragischere Fälle. Ich habe Dinge erlebt, die meine Existenz wie mit einer Eisenklinge durchschnitten haben, aber wenn ich das Gesicht dieser Frau sehe, die alles hat, um glücklich zu sein, und die langsam dieses Glück wegen einer oberflächlichen Unzufriedenheit zerstört, zerreißt es mir das Herz.

Denn ich weiß, manchmal genügt ein Bedauern, um ein Leben zu zerstören.

Ich weiß, daß wir ein Kapital an Energie und Willen in uns tragen, das nicht unerschöpflich ist. Wenn wir unsere Kräfte vergeuden, wird unser Kapital aufgebraucht, und – das ist das harte Gesetz des Lebens – es erneuert sich nicht. Denn wir werden alt.

Wenn wir unsere *seelische Energie* in nutzlosen Kämpfen vergeuden, in der Verfolgung zweitrangiger Ziele, die für unser Leben im Grunde unwesentlich sind, *werden wir erschöpft sein,* und wir werden nicht glücklich.

Ich erinnere mich an einen Geschäftsmann, der noch nicht fünfzig Jahre alt war. Ungeheuer reich, hatte er gerade ein Grundstück in der Nähe meines Hauses gekauft. »Ich werde hier ein großes Haus bauen«, sagte er, »ich sehe schon das mit Zypressen umgebene Schwimmbad vor mir.« Ich hörte ihm zu. Es reichte mir, ihn bei jedem Klingeln ans Telefon eilen zu sehen, um zu wissen, daß er auch hier, in seinem Ferienhaus, keinen Frieden und keine Ruhe finden würde. Warum verlangsamte er nicht den Rhythmus seiner Tätigkeit jetzt, wo er den Höhepunkt seiner Laufbahn erreicht hatte? Ich wußte, daß er von seinem eigenen Erfolg *verschlungen* würde.

Und Sie werden vielleicht von Ihren eigenen Wünschen *verschlungen*. Sie sind nicht ungeheuer reich? Sie sind weder Bankier noch Direktor eines Unternehmens?

Darum geht es nicht. Sie können sich auch der *Tortur* eines Wunsches ausliefern, den Sie nicht verwirklichen können.

Sie können vergeblich eine absolute Perfektion suchen, die Sie nie erreichen werden, denn sie existiert nicht. Vielleicht geht es nur darum, daß Ihr erster Gedanke beim Betreten Ihrer Wohnung ist: »Es ist nicht sauber hier, das Parkett glänzt nicht, der Staub häuft sich auf den Möbeln, es ist unordentlich.« Dann greifen Sie, noch ehe Sie Ihren Hut abgelegt haben, zum Staubtuch, oder Sie fangen an, Ordnung in den Zimmern zu machen, anstatt sich auf dem Bett auszustrecken, weil Sie müde sind. Nun ist aber Ihre Wohnung in den Augen Ihrer Freunde vollkommen sauber. Alles ist in einer fast militärischen Ordnung. Aber Sie sind nicht zufrieden. Sie suchen das Staubkorn, sie suchen das Taschentuch, das im Schrank nicht an seinem Platz liegt.

Denken Sie daran, wie sehr diese Sucht, die Sie quält, Ihr Kapital an *seelischer Energie* verbraucht. Glauben Sie nicht, daß Sie ein *Gleichgewicht* in sich suchen sollten? Daß die Energie, die Sie für Ihren Beruf, für die Organisation Ihres Haushalts, für die Sorge um Ihr Auto, für die Gegenstände überhaupt aufbringen, nicht besser genutzt werden könnte? Daß die Sucht, die Sie treibt, Sie in Enttäuschungen stürzt? Daß Sie sie lenken, kontrollieren müßten? Allzu häufig konzentrieren Sie Ihre Energien auf *Gegenstände*.

Die tote Materie – das Geld, ein Haus, ein Auto – wird Ihnen nicht antworten. Sie verschleißen Ihr Leben um ihretwillen.

Was kann sie Ihnen geben? Denken Sie daran.

Sie arbeiten immer mehr, um das zu *erwerben,* was nicht selten überflüssig für Ihr Leben ist. Und was gibt Ihnen der erworbene Gegenstand dafür? Sie haben ihn mit Ihrer Energie, mit Ihrer Leidenschaft bezahlt. Sie haben ein enormes *seelisches Kapital* verausgabt, Sie haben Ihre Kräfte verbraucht, Sie haben *Leben* fortgegeben, Ihr Leben.

Was haben Sie dafür bekommen? Die drei Meter gut geschnittenen Stoff, die ein schönes Kleid ergeben. Die tausend Kilo Stahl, die ein Auto ergeben. Die tausend Quadratmeter, die ein Stück Land ausmachen. Die dreihundert Quadratmeter für ein Haus.

Ist das gut bezahlt? Ist es nicht falsch, so viel von Ihrem *Leben* für so wenig herzugeben? Sie werden mir sagen: »Ich brauche das, denn so bin ich glücklich.« Sind Sie sicher? Verhalten Sie sich nicht, wenn Sie diese Gegen-

 stände besitzen wollen, wie ein *gehorsames Tier,* das den Befehlen seines Herrn folgt? Der Herr sagt zu ihm: »Du mußt ein größeres Auto kaufen. Du mußt ein geräumigeres Haus kaufen. Du mußt dieses Jahr einen anderen Mantel haben. Du brauchst neue Möbel.«
Und Sie stürzen los wie der Hund, dem man einen Stein wirft. Sie verbringen Ihr Leben damit, zu rennen und wieder zu rennen, und bringen den Stein zurück, den man jedesmal weiter wegwirft. Und wie der Hund sind auch Sie erschöpft. Und doch werden Sie weiter dem Stein nachrennen. Oder Sie stellen sich auf die Hinterpfoten und erniedrigen sich, um das Stück Zucker zu bekommen, das man Ihnen hinhält. Ich bitte Sie nachzudenken, bevor Sie losstürzen.
Sie sind kein *gehorsames Tier,* Sie dürfen den Befehlen nicht *gehorchen,* die *Ihnen unsere Gesellschaft* auf sehr *geschickte Weise erteilt.*

Die Gesellschaft ist diabolisch: Sie hat Interesse daran, daß Sie glauben, *Sie selbst wollten das,* was sie Ihnen *in Wahrheit nur als Ihr eigenes Wollen vorgaukelt.* Denn die Gesellschaft ist es, für die Sie losstürzen. Sie müssen davon träumen, ein neues Auto zu kaufen. Sie müssen von einem neuen Mantel träumen, obwohl Ihr jetziger noch in tadellosem Zustand ist; doch die Mode, nicht wahr, hat entschieden, daß die Mäntel lang oder kurz sein müssen, je nach den Jahreszeiten. Sie müssen ein größeres Haus wollen, auch wenn Sie es gar nicht brauchen. *In Ihnen selbst* hat sich der *Herr* niedergelassen. Aus *Ihrem*

eigenen Innersten gibt er Ihnen den *Befehl, loszujagen.*
Sie müssen ihm Widerstand leisten.

Ich spreche nicht einmal im Namen der Moral oder des
gesunden Menschenverstandes zu Ihnen. Denn ich könnte Ihnen sagen, daß die Welt mit ihrem Bevölkerungs-
wachstum die VERSCHWENDUNG nicht mehr dulden
kann.

Ich spreche einfach aus Erfahrung zu Ihnen. Denn einen
ganzen Teil meines Lebens habe ich damit verbracht,
immer hektischer jenen Gegenständen nachzujagen, die
Sie vielleicht haben wollen.

Ich bin dem Reichtum nachgejagt. Ich habe eingekauft,
verkauft, immer mehr, immer besser. Meine Gewinne
sind gewachsen. Ich häufte Besitz an, und in mir selbst
wurde es leer. Je mehr ich besaß, desto weniger wurde ich
– so schien es. Als ob ein Gesetz bewirke, daß man das,
was man mit der einen Hand nimmt, aus der anderen
Hand verliert. Dann lernte ich diejenige kennen, die
meine Frau werden sollte, Dina, die ich jetzt verloren
habe, die mir jedoch im Gedächtnis bleibt wie mein
einziges, wirkliches Glück. Warum? *Weil ich sie liebte und
ich von ihr geliebt wurde.*

Durch sie habe ich entdeckt, was unser Gesetz, Ihr Gesetz
sein muß. Ihre Energie, Ihre Leidenschaft müssen sich
auf *Personen* richten und nicht auf *Gegenstände.*

Der Gegenstand, den Sie kaufen, wird Ihnen nichts zurückgeben. Er ist eine fast tote Sache. Er hat seinen Wert
nur darin, daß er Ihren Einsatz erfordert hat. Er ist nur
schön durch die Gefühle, mit denen Sie ihn umgeben.

Wenn Sie sich von ihm abwenden, wenn ein anderer Gegenstand Sie lockt – und ein anderer Gegenstand wird Sie locken, eben weil derjenige, den Sie besitzen, Ihnen nichts anderes geben kann als das, was Sie ihm geben –, was bleibt dann von dem übrig, um dessen Erwerb Sie sich so sehr bemüht haben? Ihr alter Mantel wird nicht mehr sein als das, was er immer gewesen ist: drei Meter Stoff. Ihr altes Auto wird nicht mehr sein als tausend Kilo Stahl. Sie werden schließlich sehen, wie sich das, was Sie besitzen, auf die nackten Gegenstände reduziert; Sie werden entdecken, daß Sie sich – weil Sie etwas anderes wünschen – beraubt fühlen, obwohl Sie so viel besitzen. Man wirft Ihnen neue Steine hin, die Sie holen müssen, und gleich meldet sich der Herr wieder und befiehlt: »Auf, jag' los, bring' ihn her!« Und gehorsam stürzen Sie los.

Aber wann werden Sie dann den Frieden finden? Wann haben Sie dann noch die Zeit und die Energie, mit den anderen und *mit sich selbst* eine *wahrhaftige, tiefe Beziehung* zu entwickeln? Ich spreche nicht im Namen der Moral. Ich spreche in Ihrem Interesse. Ich möchte, daß Sie zu einem inneren *Gleichgewicht* kommen, daß Sie *wirklich befriedigende Erfahrungen* machen.

Was müssen Sie also tun?

Beseitigen Sie die *falschen Bedürfnisse* in sich. Gehen Sie in sich und fragen Sie sich, was Sie *wirklich* wollen.

Denken Sie daran, daß das Wichtigste Ihre Beziehungen zu den anderen sind. Es sind diese Beziehungen, durch die Sie Glück oder Trauer erfahren, und nicht der Besitz von Gegenständen, die Ihnen früher oder später tot vorkommen. Er würde Sie nur wieder in die Hektik treiben und Sie vergeblich erschöpfen, denn das, was Sie in Ihrem Innersten wollen, ist nicht der Besitz, sondern das *Glück,* der *Frieden.*

Und was Sie brauchen, ist Liebe. Ich spreche bald von der Liebe zu Ihnen, doch sollen Sie jetzt schon wissen, daß Sie, wenn Sie mit *Weisheit* und *Umsicht* ihre *seelische Energie* und sogar Ihren *Egoismus* gebrauchen, auch *lieben* und so handeln, daß man *Ihnen Liebe entgegenbringt.*

Denn es ist Ihre Fähigkeit, zu lieben und sich lieben zu lassen, die Ihnen das meiste bringt.

Nun möchte ich, daß Sie nachdenken.

Ich stelle mir vor, Sie lesen diese Zeilen am Ende eines Tages. Seit heute morgen haben Sie geredet, gehandelt. Sie haben Ihre Energie, Ihre Leidenschaft für vielfältige Aufgaben eingesetzt, Sie haben gearbeitet, Sie hatten Wünsche. Ihre Gedanken waren auf verschiedene Ziele gerichtet, Ziele, die zweifellos unumgänglich sind. Sie waren vom Räderwerk eines Tages erfaßt. Und morgen fängt alles wieder von neuem an. Die Zeit für die Lektüre müssen Sie – ich weiß es wohl – Ihren Verpflichtungen, Ihren Sorgen, Ihren Zerstreuungen, dem Fernsehprogramm entreißen, das in diesem Augenblick vielleicht für einen Ihrer Familie seine endlosen Bilder ausstrahlt. Ich kenne das alles. Gleichwohl bitte ich Sie nachzudenken.

Haben Sie *genügend Zeit dem Wesentlichen,* das heißt *Ihrem Glück* gewidmet? Welchen Teil Ihres Tages hatten Sie *bewußt an der Frage* orientiert: *Was kann ich tun, um glücklicher zu leben? Wie muß ich mein Leben im Hinblick darauf organisieren? Was kann ich tun, daß mich die anderen lieben und ich sie besser liebe?*

Sagen Sie nicht, sich täglich diese Fragen zu stellen würde das Leben unmöglich machen.

Sagen Sie nicht, sich diese Fragen zu stellen, was für ein Egoismus!

Sagen Sie nicht: Ich stelle mir diese Fragen nicht, doch handle ich so, als ob ich sie mir stellen würde.

Ich glaube nicht an Ihre drei Einwände.

Man muß sich diese Fragen stellen. Nicht das *Leben* wird durch sie unmöglich gemacht, sondern nur eine *bestimmte Lebensweise.* Wenn Sie in sich nachforschen, wie ich es Ihnen rate, werden Sie sicher verstört sein. Sie stellen ja das in Frage, was Ihre ganzen Gewohnheiten ausmacht. Sie beginnen, auf Ihr Leben zu blicken. Vielleicht haben Sie keine Lust mehr, für nichts und wieder nichts zu hasten oder dem Stein nachzujagen, den man Ihnen hinwirft.

Sie werden sich fragen: Warum sollte ich hasten? Fühle ich mich nicht wohler so, wenn ich unbeweglich bin oder mich nur langsam vorwärtsbewege und mich umschaue? Ist es nicht wichtiger, zwei Stunden mit denen zu verbringen, die mir lieb sind, als einem Nebenverdienst nachzugehen, der mir den Erwerb von Gegenständen ermöglicht, die mir in einem Monat oder in einem Jahr entbehrlich erscheinen? Ihretwegen könnte ich die Liebe verpassen, könnte ich vergessen, sie zu geben oder zu empfangen? Wenn Sie sich diese Fragen stellen, entdecken Sie vielleicht, daß das, was Sie für wichtig halten, gar nicht wichtig ist.

Aber Sie können nur um den Preis dieses In-sich-Forschens die Harmonie mit sich selbst und mit den anderen erreichen, einen Zustand, in dem Sie das innere Gleichgewicht als selbstverständlich empfinden. Wenn nicht...

Haben Sie noch nie Menschen in Ihrer Umgebung gesehen, die alle Güter haben, die all die Gegenstände besitzen, die das Zeichen von Reichtum und gesellschaftlichem »Glück« sind, und die – beobachten Sie sie genau – in Unzufriedenheit und Verbitterung leben? Immer scheint ihnen etwas zu entgehen. Sie jagen immer schneller hinter immer weiter geworfenen Steinen her. Eines Tages – und ich weiß, er kommt – werden Sie merken, daß – wie es bei Herr und Hund manchmal vorkommt – kein Stein mehr zu holen ist, daß Sie auf eine Geste hin losgestürzt sind und kein Stein mehr da war. Dann sind Sie innerlich leer. Ich möchte nicht, daß Sie das eines Tages erleben. Sie wollen es auch nicht. Dann stellen Sie sich jeden Tag die wesentlichen Fragen.

Schließen Sie das Buch.
Rufen Sie sich die einzelnen Augenblicke
des heutigen Tages
ins Gedächtnis.

> Was haben Sie getan, um glücklicher zu leben?
> Haben Sie sich um andere gekümmert?
> Was haben Sie getan, um sie zu lieben
> und von ihnen geliebt zu werden?
> Denken Sie darüber nach.
> Schließen Sie das Buch.

Sagen Sie nicht, ich wiederhole es, sich diese Fragen zu stellen sei Egoismus!

Man hat so oft den Egoismus verdammt. Aber es kommt auf das richtige Verständnis an. Der Egoismus ist ein Gesetz aller Erscheinungen des Lebens. Die Zelle ist egoistisch; sie nimmt, um sich zu entwickeln. Sie sind von Natur egoistisch, und das ist normal. Diejenigen, die die Realität des Egoismus leugnen, halten sich die Augen zu. Doch der Mensch, als Vertreter einer höheren Lebensform, der unablässig nach dem Sinn des Lebens fragt, hat die Wahl zwischen zwei Arten von Egoismus: dem brutalen, barbarischen Egoismus, der den andern seinem eigenen Vorteil opfert, der den andern zum Instrument macht. Diesen Egoismus hasse ich. Sie müssen ihn hassen, ihn in sich verfolgen. Nichts ist schlimmer. Sie benützen den andern, als ob er ein Gegenstand wäre. Sie machen aus ihm eine Sache, die Sie für Ihre Zwecke zurechtbiegen. Sie vergessen, daß er um seiner selbst willen existiert, daß er ein unendliches Universum ist, und Sie machen ihn für Ihren Gebrauch nutzbar. Sie kerkern ihn ein. Sie zerstören seine Freiheit zu Ihren Gunsten.

Der andere wird zum reinen Gegenstand, zum Spielzeug. Manchmal tritt dieser Egoismus in Ihren Augen und den Augen anderer in der Verkleidung der Liebe auf. Sie glauben zu lieben. Man glaubt, Sie zu lieben. Doch wollen Sie den andern Ihrem Willen gefügig machen, ihn zu einer Puppe machen. Oder der andere möchte Sie ersticken. Sogar in der Umarmung und beim Zärtlichsein fehlt Ihnen der Sauerstoff. Denn diese Art der Liebe ist nur eine Seite des Egoismus. Doch der Egoismus, Sie können es nicht leugnen, existiert in Ihnen. Sie müssen ihn nur *kontrollieren,* ihm eine *neue Richtung* geben, ihn *verwandeln.*

Sie müssen begreifen, daß Ihr Egoismus in der Weise tätig werden muß, daß Sie von den anderen geliebt werden; so ziehen Sie den größten Nutzen für sich selbst daraus. Daher muß sich Ihr Egoismus anderen zuwenden. Sie müssen einsehen, daß Sie nicht im Konflikt mit dem andern, in der Sucht, ihn zu überflügeln und ihn zu erdrücken, die größte Befriedigung finden, sondern in der Übereinstimmung mit ihm, in einem Verhalten, das Sie die Sympathie des andern, seine Zuwendung und Liebe gewinnen läßt.

Auf diese Weise muß sich der Mensch der egoistischen Kräfte seines Organismus bedienen, muß sich das zunutze machen, was er nicht hinwegleugnen kann, um es zu verwandeln und das Beste daraus zu machen, für sich und die anderen, in seinem Interesse, das auch das Interesse des andern ist.

115

Schließen Sie das Buch.
Denken Sie nach.
Sie haben sicher in Ihrem Leben
einen KONFLIKT mit
einem anderen Menschen gehabt.
Sind Sie sicher, daß er unausweichlich war?

Der Zusammenprall zweier Egoismen
läßt sich VERWANDELN,
wenn Sie sich
DEM ANDERN ÖFFNEN KÖNNEN,
so daß auch er sich Ihnen öffnen kann.
Denken Sie darüber nach.
Schließen Sie das Buch.

Ich hatte das alles bereits geschrieben, als ich die Arbeiten von Hans Selye, einem über siebzigjährigen Arzt und Forscher, kennenlernte, der Untersuchungen über »Streß« (= Spannung) durchgeführt hat. Dabei geht es um die Spannungen, die durch die Anpassung an andere Menschen und an die Außenwelt im Organismus hervorgerufen werden. Ich habe seine Bücher gelesen, die mir aus Kanada geschickt wurden, nicht aus Zufall, sondern weil ein Leser meines Buches »Des Lebens Ruf an uns wird niemals enden« fand, daß Hans Selye meine Schlußfolgerungen bestätige, das, was ich, der ich kein Arzt bin, aus meiner Erfahrung abgeleitet habe. Bei der Lektüre seines letzten Buches (deutsch: »Streß – Lebensregeln

vom Entdecker des Streß-Syndroms«, Rowohlt-Ta-
schenbuch) war mir, als lese ich in wissenschaftlicher
Form das, wozu ich selbst in meinem Denken gelangt war.
Er hat beobachtet, daß alle lebenden Organismen ein
gemeinsames Merkmal besitzen: den Egozentrismus, die
Form des Egoismus, von der ich sprach und die Sie
zwingt, sich um sich selber zu kümmern. Warum daraus
einen Vorwurf machen, wenn er uns angeboren ist? Doch
in seinen schon vor vierzig Jahren begonnenen Laborarbeiten beobachtet Selye, daß auch die primitivsten Zellen
bereits gelernt haben, den Egoismus zu überwinden, daß
sie sich zu einem leistungsfähigen Organismus zusam-
mengeschlossen haben, daß sie, kurz gesagt, ihren Egoismus im Interesse ihres Egoismus eingeschränkt haben.
Selye nennt das »altruistischen Egoismus«. Unsere Körperzellen, unsere Milliarden Körperzellen praktizieren
ihn. Selye hat bei seinen Laborarbeiten ebenfalls entdeckt, daß die beste Weise der Streß-Beseitigung, die
unser Körper anwendet, die Anpassung ist, das heißt
bezogen auf unser Verhalten: die Liebe wählen statt den
Haß.
Natürlich kann man bei Menschen anecken, die sich dem
gegenseitigen Verstehen verweigern. Dann muß man sie
eben meiden. Sie haben solche Menschen sicher schon
getroffen, deren Gesicht und Stimme von Verbitterung
und Groll gezeichnet sind. Sie gefallen sich im Gerede
über andere. Sie beneiden Sie, und man merkt es. Sie sind
nicht von einer Aura der Liebe zur Welt und zu ihren
Mitmenschen umgeben, sondern von einem Ring der

117

Spannung, manchmal des Hasses oder einfach der Eifersucht.

Vielleicht hängen Sie an Menschen, die so sind. Weil Sie sie seit langem kennen. Vielleicht auch, weil sie wie ein Teil von Ihnen selbst sind, wie der dunkelste Ihrer Persönlichkeit.

Sie müssen mit denen brechen, die Ihnen nur Spannungen verursachen. Man muß mit denen leben, die das biologische Gesetz der Liebe verstehen. Sie müssen die Devise anwenden, die Selye bei seinen Experimenten am Werk gesehen hat und die die erste Regel ist, nach der Sie sich richten müssen: »Sorgen Sie dafür, daß Sie geliebt werden.«

Sagen Sie auch nicht: »Ich stelle mir keine Fragen, ich handle instinktmäßig, und ich handle gut. Ich praktiziere das, was Sie vorschlagen.«

Ich glaube zwar an die Intuition. Ich glaube an den Instinkt. Ja wir unterdrücken beides allzu oft, wir hören nicht darauf, und das ist schlecht, denn diese Kräfte zeigen manchmal den richtigen Weg, den die »Vernunft« und die Logik vergessen haben. Aber glauben Sie, daß sich ein Wagen, auch wenn der Motor gut anläuft, selbst ohne die Hilfe eines Fahrers steuern kann? Glauben Sie nicht, daß manchmal nur ein Abhang oder irgendein Hindernis genügt, damit er zu schnell läuft, stehen bleibt oder aus der Bahn gerät? Sie müssen aufpassen.

Die Gesellschaft, die Sie umgibt, stellt Ihnen Fallen, weil sie in vieler Hinsicht auf dem brutalen Egoismus gründet, weil die Jagd nach Profit ihr Gesetz ist. Sie tendiert dazu, aus Ihnen ein Räderwerk zu machen, das sich nach der gewünschten Geschwindigkeit dreht. Und Sie verbrauchen und verschwenden Ihre Energie, die auch Gütern vergleichbar ist, nicht für sich selbst, sondern für die Gesellschaft. Also müssen Sie sich ständig Fragen stellen, damit diese Fragen sie befähigen, Ihr Handeln zu kontrollieren und darüber nachzudenken, was Sie tun.

Sie dürfen nicht vergessen, daß Sie Ihrem Leben einen Sinn geben müssen, daß Sie es nicht im Sand versacken lassen dürfen, im Labyrinth Ihrer täglichen Verrichtungen, im Kaufen und Verkaufen.

MEDITIEREN SIE.

DAS ERSTE GEHEIMNIS
IHRER ZUKUNFT
liegt darin, daß Sie Ihre Wünsche und Ihr Handeln erforschen.

Fragen Sie sich:

»Bin ich nicht nur ein Echo? Bin ich nicht nur ein Reflex? Will ich wirklich das, wofür ich mich einsetze?«

Sie schließen die Augen, atmen nach meiner Anweisung, nehmen sich Zeit zum Nachdenken. Dann wenden Sie sich wieder diesen Worten zu.

119

DAS ERSTE GEHEIMNIS IHRER ZUKUNFT
ist:
SICH LIEBEN ZU LASSEN,
ZU LIEBEN
und so zu HANDELN, DASS MAN SIE LIEBT,
DEN EGOISMUS UND DIE HEUCHELEI DER AN-
DEREN ZU ENTWAFFNEN DURCH IHRE GROSS-
HERZIGKEIT UND IHRE OFFENHEIT.
Finden Sie zu sich selbst in Ihren Wünschen und Ihrem
Handeln.
Werden Sie sich darüber klar, was Sie wollen.
Sorgen Sie dafür, daß Sie geliebt werden, Sie können es.

Haben Sie Ihren Körper jetzt unter Kontrolle?
Haben Sie die grundlegenden Übungen gemacht?
Damit beweisen Sie gegenüber sich selbst,
daß Sie sich ändern wollen.
SCHLIESSEN SIE DAS BUCH
UND HANDELN SIE.

Sie selbst, Ihre Gedanken, Ihre Träume, Ihr Leben, IHR BUCH

Lassen Sie hier Ihre Fragen, Ihre Zweifel, Ihre Gewißheiten zur Sprache kommen. Was stark in Ihnen ist, wird stärker werden, was Sie an Schwäche und Angst in sich tragen, wird weniger, weil Sie es wagen, sich diesen Worten, die Ihre Ängste ausdrücken, zu stellen, diesen Worten, die Sie hier schreiben werden, als ob Sie zu einem Freund sprächen, der Ihnen zuhört, Sie beruhigt und Sie tröstet...

_____

_____

_____

_____

_____

_____

_____

_____

_____

_____

_____

_____

_____

_____

_____

_____

_____

_____

_____

_____

_____

_____

_____

_____

_____

_____

_____

_____

_____

_____

_____

_____

_____

_____

_____

_____

_____

_____

_____

_____

_____

7. Wachen Sie über Ihren Lebensbaum

Es gibt ein zweites Geheimnis, von dem Ihre Zukunft auch noch abhängt. Diejenigen, die es kennen, vergessen es manchmal, weil unser schnelles, hastiges Leben von ihnen Besitz ergriffen hat. Und dann eines Tages erleben sie am eigenen Leib das harte Gesetz, das sie entdeckt, aber außer acht gelassen hatten. Sie erinnern sich dann daran, daß unsere Gesundheit, unsere Schönheit, unsere Gewandtheit, unsere Freude *zuallererst* von der Gesundheit dieses *lebenswichtigen, schönen Baumes* abhängt, der uns aufrechterhält: unsere *Wirbelsäule*.

Diese Wirbelsäule ist der *Lebensbaum*. Nehmen Sie ein Lexikon zur Hand. Betrachten Sie diesen knotigen Baum, dessen Stamm vom Ansatz unseres Rückens bis zur Schädelbasis reicht. Er lenkt die Bewegungen Ihres Körpers. Er ist es, der die Befehle, die Sie Ihren Füßen und Beinen geben, vermittelt. Wenn ihn die Lähmung ergreift, wenn er bricht, dann sind Sie nur noch ein unbeweglicher Körper, eine leblose, schwere Masse. Vielleicht ist Ihnen die Wichtigkeit dieses Lebensbaumes, wie er von den Orientalen genannt wird, nie bewußt geworden. Dann haben Sie niemals an Lendenschmerzen oder Migräneanfällen, die durch die Halswirbel hervorgerufen werden, gelitten, haben nie diese entsetzlichen Stiche von Ischias ertragen, die in Ihr Bein fahren und es auszurenken scheinen.

Wenn Sie noch nichts davon erfahren haben, gehören Sie zu den wenigen, die davon verschont geblieben sind. Schätzen Sie sich glücklich, geben Sie acht und schützen

Sie diesen Baum, an den Sie bis heute nicht zu denken brauchten.

Wenn Sie gelitten haben, dann wissen Sie, wie wunderbar es ist, wenn der Schmerz aufhört und man von neuem gehen, sich bücken, den Arm heben oder den Kopf wenden kann. Sie fürchten die Launen dieses wunderlichen Baumes, der Sie trägt und der Sie lähmen kann, weil das Wetter feucht ist, weil Sie etwas zu Schweres gehoben haben oder weil Sie eine falsche Bewegung gemacht haben, ohne daß Sie selbst es bemerkt haben. Für Sie, die Sie oft Ihre Hände in die Nierengegend legen, um den Lebensbaum ein wenig zu wärmen, ist es nicht nötig, daß ich es betone. Sie wissen es: Unsere Wirbelsäule ist der Baum unseres Lebens. Von seinem Zustand hängt unser tägliches Glück oder Unglück ab.

Dies ist die Wahrheit. Diejenigen, die gelitten haben, wissen es bis in ihr Innerstes. Sie, denen dies erspart blieb, fragen Sie jemanden aus Ihrer Umgebung, der erfahren hat, was das bedeutet, wovon ich spreche, und hören Sie ihm zu!

Oder besser noch: Hören Sie mir zu. Ich habe den Lebensbaum während des Krieges entdeckt. Ich war verhaftet worden, gefoltert, man hatte mich an den Händen aufgehängt und schwer auf den Rücken geschlagen und mich dann auf den Boden der Zelle fallen lassen. Mir gelang es zu entfliehen, mich den Meinen wieder anzuschließen, aber ich war wie gelähmt. Mein Rücken war eine einzige Wunde, und vor allem war der Lebensbaum unter der zerfetzten Haut mißhandelt worden. Ich brauchte tagelange Pflege und rief einen alten Arzt, der gleichzeitig Masseur war. Er lehrte mich eine bestimmte Anzahl an Bewegungen, und mit der Zeit gewann ich einen Teil meiner Beweglichkeit dadurch zurück, daß ich regelmäßig diese Übungen machte.

Aber ich fand niemals die totale Freiheit meiner Bewegungen wieder, dieses Gefühl von Leichtigkeit, das man hat, wenn die Gelenke und die Nerven, die in jedem Wirbel ruhen, uns die Bewegung erlauben. Ich habe nur die Erinnerung daran. Ich kann meinen Lebensbaum nie vergessen. Kürzlich hat mich ein Auto auf der Straße angefahren. Von neuem habe ich die tiefen Schmerzen und die Schwierigkeit, mich zu bewegen, erlebt, die uns plötzlich entdecken lassen, daß wir zerbrechlich sind, daß eine Sekunde ausreicht, um unser Leben zu verändern. Wir laufen, ein Wirbel verschiebt sich, und wir bleiben unbeweglich liegen.

Diese Erfahrung, die ich habe, diese Gewohnheiten, die ich annehmen mußte, um über die Gesundheit meines Lebensbaumes zu wachen, ich würde sie Ihnen gerne mitteilen. Denn die Orientalen haben recht: Die Wirbelsäule ist viel mehr als eine Summe lebenswichtiger Wirbel und Nerven; sie ist die zentrale Antenne, die ihre Botschaften in allen lebenswichtigen Zentren des Körpers ausstrahlt. Wenn die Antenne gestört ist, sind diese Botschaften angstbeladen. Und andersherum, wenn Sie ängstlich sind, ist Ihre Antenne – Ihre Wirbelsäule – gestört.

So entsteht eine Beziehung zwischen Ihrem »Rücken« – seinen nervösen Zentren – und Ihrem Allgemeinzustand, besonders Ihrer Stimmung, Ihrem seelischen Zustand. Lendenschmerzen, die durch eine falsche Bewegung, durch Ischias hervorgerufen werden, können Ihren Charakter dauerhaft beeinträchtigen. Und so auch Ihre Beziehungen zu Ihren Nächsten. Sie werden leicht reizbar. Wie sollten Sie das auch nicht werden, wenn der Schmerz immer da ist? Sie werden pessimistisch, und das ist verständlich. Wenn es Ihnen schwerfällt, eine Bewegung zu machen, wie sollten Sie da Vertrauen in Ihre Zukunft haben? Aber manchmal sind diese Lendenschmerzen auch nur ein körperliches und nervöses Echo der Pein Ihres Geistes.

Ich erinnere mich der Tage, die dem Drama folgten, durch das die Meinigen den Tod fanden. Ich war wie gelähmt. Wie wenn die Gelenkverbindungen meiner Wirbelsäule in Zement gegossen worden wären. Ich konnte mich nicht bewegen, ohne vor Schmerz das Gesicht zu verziehen. Als ich langsam – ich brauchte Monate dazu – ein bißchen an seelischer Energie wiedergefunden hatte, habe ich gleichzeitig eine gewisse Geschmeidigkeit wiedererlangt. Da erinnerte ich mich der Übungen, die mir der alte Lazarettarzt beigebracht hatte. Ich begann sie auszuführen und stellte so meine körperliche Energie wieder her; indem ich meine Muskeln entspannte, die die Wirbelsäule stützen, gelang es mir, eine gewisse seelische Ruhe wiederzufinden.

Denn der Baum des Lebens ist die zentrale Achse unseres Körpers und seines *Nervensystems.* In ihm verbinden sich das *Körperliche* und das *Seelische.*

Deshalb müssen Sie auf diese Achse achten. Warten Sie nicht, bis die ersten Störungen kommen.

Sagen Sie nicht: Ich bin jung.

Sagen Sie nicht: Es ist zu spät.

Sie müssen wissen, daß dieser *Baum* bedroht ist, aber daß wir ihn verteidigen können. Unser Stadtleben läßt uns steif werden. Wir lassen nur noch bestimmte Muskeln arbeiten. Wir verwandeln uns in sitzende und beförderte Personen, und nur noch Ihre Finger oder Ihre Hände bewegen sich, wenn Sie Maschine schreiben. Sie haben kaum Zeit zu laufen. Der Zeitplan erlaubt es oft nicht. Sie wohnen so weit von Ihrem Arbeitsplatz entfernt, daß Sie Ihr Auto oder ein anderes Transportmittel benutzen.

Dieses Steifwerden bringt schwere Folgen mit sich. Wir nehmen an Gewicht zu, davon werde ich später sprechen. Unsere Muskeln werden schwach. Unser Körper sackt zusammen. Schwergewichtig drückt er auf die Gelenkverbindungen der Wirbelsäule. Die Bandscheiben, die die Wirbel voneinander trennen, verkeilen sich, die Nerven werden eingeklemmt, und Sie leiden.

Der Baum Ihres Lebens kann sich wie ein Baum der Natur in diesem harten und feindlichen städtischen Rahmen nicht entfalten.

Die nervöse Müdigkeit, der Lärm der Stadt, das Telefongeklingel im Büro, wo Sie arbeiten, diese Preßlufthämmer, die die Straßen unter Ihren Fenstern aufreißen, das

dumpfe, ununterbrochene Geräusch der vorbeifahren-
den Autos, dies alles wirkt sich auf den Lebensbaum aus.
Die Nervengeflechte, die diese Antenne kreisförmig von
oben nach unten durchlaufen, werden überempfindlich.
Ihre Angst, den Zug oder Bus zu versäumen, in einen
Stau hineinzugeraten und nicht rechtzeitig im Büro zu
sein – Ihre Ängste, Ihre Nervosität wirken entsprechend
auf Ihre Muskeln und Nerven ein, so daß die einen sich
zusammenziehen und die anderen gereizt werden. Ihr
Baum ist zerbrechlich geworden, und eine zu hastige
Bewegung wird genügen, daß Sie »blockiert« sind.
Ich bin kein Arzt, aber das, was ich da beschreibe, habe
ich erlebt, und auch Sie können das feststellen. Was ich
weiß, ist, daß wir den Anzeichen, die die kommenden
Spannungen ankündigen, nicht genug Beachtung schenken. Wir spüren dieses kommende Übel und diese
Schwere sich in dem Moment verschlimmern, wo wir
aufwachen, aber vergessen sie im Laufe des Tages wieder
dadurch, daß unsere Muskeln sich entspannen und wir
abgelenkt sind. Aber unsere Müdigkeit wächst jeden Tag.
Jeden Tag nehmen die Spannungen zu, und es kommt der
Moment, da unser Lebensbaum sich weigert, weiter zu
funktionieren.

*Was müssen wir tun, um dieser Unbeweglichkeit vorzu-
beugen?*
Zuallererst müssen Sie sich über die Wichtigkeit des
Lebensbaumes klarwerden, ihn kennenlernen. Denken
Sie nach. Ihr Kopf ist mit viel Wissen vollgestopft. Sie

kennen Telefonnummern auswendig. Sie können vielleicht lange über Filme reden, die Sie gesehen haben. Sie wissen, daß Humphrey Bogart in dem und dem Film spielt. Sie können über Bücher sprechen, die Sie gelesen haben. Und was wissen Sie über die *Funktionen* Ihres *Körpers* und Ihres *Geistes?* Was wissen Sie von den Verbindungen, die diese eins werden lassen? Was wissen Sie davon, wie Sie Ihr Leben führen sollen? Und was ist wirklich wichtiger als dies!

Glauben Sie nicht, daß Sie, wenn Sie fähig wären, Ihre Wirbelsäule zu zeichnen – diesen Baum, von dem Ihr tägliches Glück abhängt –, auch wüßten, was ihr bekommt und was ihr schädlich ist? Und wäre das nicht wichtiger als das Wissen, das man Ihnen vermittelt hat, das sich in Ihnen festgesetzt hat und das Sie nun belastet?

Schließen Sie dieses Buch.
Nehmen Sie ein Lexikon zur Hand.
Schauen Sie sich das Skelett
eines menschlichen Körpers an.
Entdecken Sie die Wirbelsäule.
Dann denken Sie nochmals nach,
verschaffen Sie sich eine Vorstellung
ihrer lebenswichtigen Bedeutung.

SCHLIESSEN SIE DIESES BUCH.

Haben Sie gesehen? Haben Sie verstanden?
Sie wissen jetzt besser, was der Baum Ihres Lebens ist. Es
ist Ihnen jetzt klarer, daß von seinem guten Funktionieren *Ihre Zukunft* abhängt. Daß dort nicht nur über das
Schicksal Ihres Körpers, sondern auch über Ihren *Ge-
mütszustand* entschieden wird.
*Auf Ihrem Lebensbaum wachsen das Körperliche und das
Seelische.* Dieses Geheimnis Ihrer Zukunft müssen Sie
immer gegenwärtig haben, *und Sie müssen von nun an,
ohne zu zögern, über Ihren Lebensbaum wachen.* Ich
möchte Ihnen einige einfache Regeln geben. Ich bin kein
Arzt, und das, was ich Ihnen rate, beruht auf gesundem
Menschenverstand und auf Erfahrung. Aber wenn Sie
mehr wissen wollen, müssen Sie einen Arzt aufsuchen.

ERSTE REGEL:
LERNEN SIE, SICH ZU ENTSPANNEN

Wie wollen Sie, daß Ihre Wirbelsäule ihre Kraft behält,
wenn Sie sie andauernd zusammendrücken? Unter dem
Gewicht Ihres Körpers zerdrücken Sie Ihre Lendenwir-
bel, weil Sie die meiste Zeit sitzen oder stehen. Und Sie
schlafen auf einer Matratze, die Sie nach dem Gesichts-
punkt: weich, dick und federnd ausgesucht haben.
Sie ist das Schlimmste, denn Ihre Wirbelsäule krümmt
und verdreht sich, während sie dort hineinsinkt. Ihre
Wirbelsäule verspannt sich übrigens auch, weil Sie innerlich unruhig sind. *Sie müssen dem ein Ende machen,* und
sei es nur für einen kurzen Augenblick am Tag.

Wie? Nichts einfacher als das. Suchen Sie sich einen ruhigen Raum in Ihrer Wohnung. Breiten Sie einen Teppich auf dem Boden aus und *strecken Sie sich – regelmäßig ein- oder zweimal am Tag,* wenn Sie können um die Mittagszeit und am Abend – *am Boden aus. Zuerst kauern Sie nieder,* die Arme um die Beine geschlungen, fast zusammengeschrumpft. Ihre Wirbelsäule erscheint nun wie das Holz eines Bogens, den Sie spannen. Sie dehnt sich ohne Anstrengung. Wenn Sie das gemacht haben, strecken Sie sich aus, spreizen Sie die Arme vom Körper ab, wobei die Handflächen zur Decke zeigen, und atmen langsam und tief. *Verweilen Sie fünf Minuten in dieser Lage.* Dies wird ausreichen, um sich körperlich und geistig zu entspannen.

Hören Sie jetzt auf zu lesen.
Wählen Sie einen geeigneten Raum.
Machen Sie die Übung, die ich beschrieben habe.
Verpflichten Sie sich vor sich selbst,
sie zweimal am Tag zu wiederholen.
SCHLIESSEN SIE DIESES BUCH

ZWEITE REGEL: LAUFEN SIE

Suchen Sie nicht nach falschen Ausreden. Sagen Sie nicht: Ich habe keine Zeit. Nehmen Sie sich die Zeit, eine bestimmte Reihe von Handlungen auszuführen, die für Ihr Leben unumgänglich sind.

Laufen ist unerläßlich. Ihr Lebensbaum braucht das Laufen unbedingt.
Dies ist eine Art, ihn am Leben zu erhalten, die Gelenke und die Muskeln spielen zu lassen, das Nervensystem instandzuhalten, von dem Ihre Glieder gesteuert werden.
Laufen Sie, um Muskeln zu bekommen.
Laufen Sie, um sich wieder aufzurichten.
Wenn Sie laufen, so richten Sie sich dabei auf. Sie werden feststellen, daß sich dabei nicht nur *Ihr Körper aufrichtet,* sondern auch Ihr *Geist.* Sie stellen den Baum Ihres Lebens wie einen *Mast* auf.
Hier ist außerdem die Atmung entscheidend.
Versuchen Sie, während Sie laufen, Ihren Magen, Ihren Bauch einzuziehen und so Ihren Brustkorb auszudehnen und Ihr Kreuz aufzurichten. Das kommt der Streckung Ihrer Wirbelsäule gleich. Es gibt keine einfachere und wirksamere Übung. Wenn Sie diese ausführen, befreien Sie Ihre Nerven und Bandscheiben, die oft verkeilt und eingeklemmt sind. Sie ziehen daraus ein sofortiges Wohlbefinden, und es bilden sich Muskeln in Ihrem Bauch, der manchmal zu schwer auf Ihrer Wirbelsäule lastet.
Laufen Sie.
Verzichten Sie auf diese kleinen Annehmlichkeiten, die Sie veranlassen, für 500 Meter einen Bus zu nehmen. Sie sagen: Dadurch spare ich Zeit. Wenn Sie aber die Zeit rechnen, die Sie damit verbracht haben, auf den Bus zu warten, dann die Fahrtzeit, das Warten an einer roten Ampel, sind Sie da noch sicher, daß Sie mehr als wenige Minuten gewonnen haben?

Laufen Sie, weil das Ihre Muskelbildung, Ihren Kreislauf anregt, weil die ursprüngliche Funktion Ihrer Organe wiederhergestellt wird.

Laufen Sie.

Bei Ihnen gibt es einen Aufzug. Wenn Sie können und wenn Sie nicht zu schwer zu tragen haben, dann gehen Sie zu Fuß hinauf; sofern Ihnen Ihr Arzt nicht davon abgeraten hat, ist diese Muskelübung nützlich.

Mit diesem geringen Einsatz gewinnen Sie, ohne sich dessen bewußt zu sein, die Mittel zur *täglichen Erneuerung Ihrer Muskeln.* Das ist, wie wenn Sie jeden Tag um Ihren Lebensbaum herumgingen, um das Unkraut zu jäten und ihn zu begießen.

DRITTE REGEL:
UNTERSTÜTZEN SIE IHREN LEBENSBAUM, BILDEN SIE IHRE MUSKELN AUS

Ihr Lebensbaum trägt das Gewicht Ihres Körpers, und dieses Gewicht ist oft sehr beträchtlich. Ich werde noch darüber reden.

Das ist, wie wenn ein Baum mit Früchten überladen oder wie wenn ein Mast den stürmischen Winden ausgesetzt ist. Auf dem Land haben Sie Zweige verschiedener Bäume gesehen, die abgestützt werden. Und Sie haben auch die Masten gesehen, die durch gespannte Seile befestigt werden. Sie müssen *Ihre Wirbelsäule mit Stützen und Seilen halten.* Diese Stützen und Seile sind Ihre Muskeln, die *Muskeln des Rückens und der Schultern.*

Sie müssen einfache, aber *tägliche* Bewegungen ausführen: *Die gestreckten Arme* über Ihren Kopf heben, einen nach dem anderen. Dann müssen Sie sich bücken – ich sprach schon von dieser Übung –, indem Sie den Boden mit den Fingern berühren, dabei Arme und Beine strekken. Aber erzwingen Sie nichts. Dann *fahren Sie,* während Sie ausgestreckt auf dem Teppich liegen, mit Ihren gespannten angezogenen *Beinen Rad,* um die *Muskeln im Unterleib auszubilden.*

Rücken-, Schulter- und Bauchmuskeln: Von ihnen wird Ihre Wirbelsäule, Ihr Lebensbaum, gehalten. Deshalb müssen Sie diese Muskeln trainieren und in gutem Zustand erhalten.

Seien Sie nicht verzagt. Sagen Sie nicht: »Noch mehr! Wo werde ich die Zeit dafür hernehmen?« *Mit diesen 10 oder 15 täglichen Minuten werden Sie sich Ihrer Zukunft bemächtigen.*

Denn vergessen Sie nie, daß Ihr Leben lang sein muß. Ihr Leben muß lang sein, weil die *Dauer* von Wichtigkeit ist. Nur so nehmen Sie die Menschen wirklich wahr, die Sie dauerhaft lieben. Nur so können Sie etwas zuwege bringen, etwas verändern und sich selber entwickeln. Nur so verstehen Sie wahrhaft die sich wandelnde Welt.

Ihr Leben muß lang und aktiv sein.

Es wäre verrückt, das zu vernachlässigen, was es glücklich machen kann.

Es wäre verrückt, diesen *Lebensbaum,* Ihre *körperliche und geistige* Achse, nicht zu beachten.

Ich verlange wenig von Ihnen und biete Ihnen viel. Ich verlange von Ihnen, an Ihren *Lebensbaum* zu denken, zu laufen, zu lernen, wie Sie Ihre Muskeln ausbilden. Ich verlange von Ihnen, daß Sie sich zu entspannen wissen. Aber diese Übungen wären zu nichts nütze, wenn Sie einige lebenswichtige Forderungen vergessen würden:

DIE REGELMÄSSIGKEIT: Ohne sie ist das Leben nur eine Folge von nutzlosen oder schädlichen Szenen.

DIE SYMMETRIE: Ihre Achse muß aufrecht sein. Ihre Übungen dürfen Ihren Körper nicht aus dem Gleichgewicht bringen, Sie müssen Ihre Anstrengung, Ihren Gang, Ihre Haltung ins Gleichgewicht bringen können, um den Baum Ihres Lebens nicht zu beeinträchtigen.

DIE GESCHMEIDIGKEIT: Sie dürfen nicht angespannt sein. Ihr Körper muß, sogar bei Anstrengungen, nachgiebig sein, und Sie dürfen sich nicht ruckartig bewegen. Sie sollen sich nicht überschlagen, sondern sich wie eine reifende Frucht entwickeln.

DIE HARMONIE: Sie müssen dazu kommen, bis ins Innerste hinein zu verstehen, daß die Harmonie aus Ihrer Überzeugung wächst und das Laufen und Kräftigen der Muskeln zu einer Freude für Sie werden.

DAS VERSTÄNDNIS: Ihre Umgebung muß Sie dabei unterstützen, Ihre Beständigkeit teilen. Sie müssen von

Verständnis, von Sympathie umgeben sein. Dafür gibt es nur ein einziges Mittel: Behalten Sie nicht für sich, was Sie verstanden oder wiederentdeckt haben: *Teilen Sie es mit.* Erklären Sie, was Sie gerade gelesen haben. Leihen Sie dieses Buch aus, sprechen Sie darüber. So wird es mehr noch zu dem Ihren werden.

Sie selbst, Ihre Gedanken, Ihre Träume, Ihr Leben, IHR BUCH

Das, was zählt, ist der Schatz, der in IHNEN ruht, und Sie wissen das. Vielleicht sind Sie allein mit dem Wissen, wieviel Schönheit es gibt, und Sie leiden darunter, dies nicht ausdrücken zu können. Es fehlen Ihnen die Worte. Sie wagen nicht, es zu sagen. LERNEN SIE, DAS, WAS IN IHNEN RUHT, HERAUSZULASSEN, SCHREIBEN SIE – zunächst für sich selbst – hier auf, was Sie empfinden. Und warum sollten Sie nicht später diejenigen, die Sie lieben, das lesen lassen, was Sie notiert haben?

_____

_____

_____

_____

8. Verschaffen Sie sich, was Sie zum Leben brauchen

Es gibt ein drittes Geheimnis, von dem Ihre Zukunft abhängt. Ist es wirklich ein Geheimnis? Lassen Sie sich von mir ganz einfach daran erinnern, daß Sie gewisse Grundbedingungen zum Leben brauchen.

Über den Willen zu leben, ein erfülltes Leben zu führen, werde ich später mit Ihnen sprechen. Aber die Grundbedingungen, die Sie brauchen, liegen nicht in Ihnen: reine Luft und Sonne. Das ist es, was Sie sich an jedem Tag erobern müssen, wenn Sie *wirklich leben* wollen.

Erobern – es gibt kein anderes Wort, denn reine Luft und Sonne sind kostbare Güter geworden, die von Tag zu Tag schwieriger zu erlangen sind, denn man *beraubt* uns dessen, was wir einst auf natürliche Weise besaßen.

Mitten im Krieg, als Verfolgter und Gejagter in den Wäldern Polens, hatte ich zumindest Luft und Licht in aller Reinheit für mich. Es war wenig, aber es gab mir die Kraft zu kämpfen und zu leben. Heute aber wird uns das genommen.

Betrachten Sie nur den verschleierten Himmel der Städte. Selbst in den sonnigsten Gegenden ist er oft durch einen nicht weichen wollenden Dunst verdeckt.

Atmen Sie einmal bewußt die Stadtluft ein, wenn Sie aus dem Urlaub zurückkommen und nicht mehr an das tägliche Gift gewöhnt sind. Sie werden diese Luft als ätzend, säurehaltig und schädlich empfinden.

Weil ich viel auf dem Land lebe, habe ich, wenn ich in die Städte komme, immer das Gefühl zu ersticken. Und am Abend bin ich erschöpft, selbst wenn ich tagsüber wenig gearbeitet habe. Weil mir Sauerstoff fehlt! Und er fehlt auch Ihnen, selbst wenn es Ihnen nicht bewußt ist. Es ist ein Verbrechen, was wir da gegen uns selbst begehen lassen.

Jeden Tag werden Milliarden von Staubpartikeln und beträchtliche Mengen von giftigen Gasen in die Atmosphäre geblasen.

Jeden Tag werden ungeheure Mengen von Sauerstoff durch die Düsenflugzeuge verbraucht, die das *verzehren,* was der Mensch braucht, will er nicht zugrunde gehen: unsere Atmosphäre. Damit einige tausend Passagiere den Atlantik noch ein wenig schneller überqueren können, plant man Überschallflugzeuge, die noch mehr Sauerstoff *verbrauchen.* Zugunsten einer kleinen Minorität von Passagieren wird der Sauerstoff für Hunderttausende von Menschen vergeudet.

Das ist ein Verbrechen, es ist Verschwendung und Ungerechtigkeit. Dagegen erhebe ich Anklage, denn dieses Verbrechen wird gegen Sie verübt, diese Ungerechtigkeit gegen Sie begangen. *Das gemeinsame Gut von uns allen, die Natur,* wird gegen Sie und nicht für Sie verschwendet. An manchen Tagen, wenn ich in einer unserer Großstädte auf überfüllten Straßen inmitten von Autokolonnen, die nicht vorwärts kommen, festsitze, sage ich mir, daß wir zu kranken Insekten geworden sind. Sind wir unfähig, diese Welt zu organisieren? Werden wir sie den kommenden Generationen als Wüste überlassen? Sind wir seit hundert Jahren, seit Entstehung der modernen Welt, den

Barbarenhorden gleich, nach deren zerstörerischem Vor-
beizug kein Gras mehr wächst?
Von wem spreche ich? Von uns, von mir, von Ihnen?
Die Verfehlungen, an denen wir mitbeteiligt sind, darf
man nicht einfach den anderen, der Gesellschaft anlasten.
Den notwendigen Wandel müssen *wir* vollbringen, wenn
wir denn wollen. Es hängt von unserem Wollen ab, daß
die Welt, in der wir leben, nicht schließlich einem großen
Konzentrationslager gleicht.

An all das mußte ich denken, als ich an der Seite von Jo
durch den Wald ging. Dort sind Himmel und Luft noch
rein. Und es war Jo, der mir, weil er wußte, daß ich in die
Großstadt aufbrach, beim Abschied sagte: »Kehren Sie
in das Konzentrationslager zurück?«
Er lachte. Aber hatte er unrecht? Dort, wo viele Millionen Menschen auf engstem Raum zusammenleben, Menschen, deren Blick meist nur auf Betonmauern geht, die
selbst den Himmel mit ihrer sinnlosen Höhe einkerkern,
Menschen, die man zwingt, in unterirdischen Räumen zu
leben oder in abgeschlossenen Kästen, in denen nur
künstliche Luft zirkuliert – ist dort nicht wirklich ein
Konzentrationslager? Wer daraus fliehen will, findet sich
in den Verkehrsstaus wieder, stundenlang gefangen in
den Blechkisten der Autos, die – Wagen an Wagen –
nicht mehr vorwärts kommen.
Ja, die Stadt ist für den Menschen ein Konzentrationslager geworden. Um in diesem Lager zu existieren, dürfen
Ihnen die Grundvoraussetzungen des Lebens nicht feh-

len. *Sie müssen* darum *kämpfen, um nicht zerstört zu werden.* Und das ist ein Kampf, der jeden Augenblick stattfindet.

Zunächst müssen Sie wissen, daß die Großstadt voll von Feinden ist. Ich bin kein Parteigänger der Vergangenheit. Ich weiß, wie hart die Lebensbedingungen der Bauern einst waren, und ich habe in den Ebenen und den Wäldern von Polen Menschen gesehen, die wie Tiere lebten. Ich bin also für den Fortschritt, und ich weiß, daß die städtische Zivilisation Kultur und Wohlstand hervorgebracht hat. Aber wenn sie ins Gigantische wächst, dann zwingt sie uns *einen versklavenden Rhythmus* auf, den man kontrollieren muß, will man nicht sein Opfer werden.

Sprechen wir nur einmal von dem bohrenden *Übel des Lärms,* gegen den Sie kämpfen müssen. Es ist wichtig, daß Sie sich *Stille* zu verschaffen wissen.

Ich kenne Familien, in denen Musik und Geplapper aus Radio und Fernsehen niemals aufhören. Nur der Schlaf unterbricht diese Flut von Geräuschen. Dazu kommt noch der ständige Straßenlärm. Wie sollen diese Menschen jemals lernen, ihrer *inneren Stimme* zu lauschen? Um diese Stimme nicht zu hören, betäuben sie sich mit Lärm, lassen sich vergiften von den Geräuschen der Stadt wie von einem Rausch.

Aber es ist *Ihre Aufgabe, sich Stille zu verschaffen,* denn Stille ist eine Bedingung psychischer Ausgeglichenheit.

144

> Machen Sie einmal folgende Erfahrung:
> Schließen Sie sich ein.
> Schalten Sie die Lärmquellen
> von Radio und Fernsehen ab.
> Lauschen Sie auf die Stille,
> lauschen Sie auf die Stimme in Ihrem Innern,
> auf Ihre Gedanken.

Wenn Sie sich angewöhnen, täglich für eine Weile dem Lärm der Stadt zu *entfliehen,* der Geräuschüberflutung durch Radio und Fernsehen zu entgehen, dann wird es Ihnen gelingen, *sich auf sich selbst zu konzentrieren,* mehr Sie selbst zu sein. Aber das ist noch nicht das Wichtigste.

Das dritte Geheimnis Ihrer Zukunft liegt in der Art und Weise, wie und was Sie atmen. Das müssen Sie lernen, und das ist DAS ERSTE PRINZIP: LERNEN ZU ATMEN.
Ich habe darüber schon mit Ihnen gesprochen. *Langsam* müssen Sie *einatmen* und dann ganz *tief ausatmen.* Sie müssen versuchen, alle Luft, die sich bis in die entferntesten Höhlungen Ihrer Lungen gestaut hat, auszuatmen. Nehmen Sie eine Uhr. Messen Sie die Dauer Ihres Ausatmens und versuchen Sie, sie zu verlängern. Krümmen Sie sich dabei zusammen, als wollten Sie mit an den Körper gepreßten Armen die verbrauchte Luft aus sich herauspressen. Denn die *Luft ist* wie die *Nahrung.* Sie müssen die Reste dessen, was Sie verbraucht haben, ausstoßen.

Es ist wichtig, *atmen zu lernen*, nicht nur, um sich von der verbrauchten Luft zu befreien, sondern auch, *um sich zu entspannen*. Das Atmen ist in der Tat *ein Mittel zur Regulierung und Kontrolle unserer Gefühle und Nerven*. Ich erinnere mich an lange Gespräche mit dem Arzt, die wir, meine Frau und ich, jeweils vor der Geburt eines unserer Kinder führten. Er sagte uns, wie wichtig es sei, während des Gebärens *die Atmung in einen guten Rhythmus zu bringen*, das heißt, während der Wehen weder zu schnell noch zu langsam zu atmen.

Es ist die Atmung, die die Anstrengung lenkt und sie überhaupt möglich macht. Sie haben sicher wie ich schon Läufer bei sportlichen Wettkämpfen beobachtet. Das, was den guten Sportler von den weniger guten unterscheidet, ist nicht so sehr die mehr oder weniger starke Beinmuskulatur, sondern die Fähigkeit, richtig zu atmen. Mit der *Atmung* verhält es sich wie mit dem *Rhythmus* eines Motors. Einen Motor darf man nicht überdrehen. Auch Sie müssen Ihre Anstrengungen so dosieren, daß Sie nicht zu einem allzu schnellen Rhythmus gezwungen werden, denn *der Rhythmus der Atmung und der des Herzens hängen zusammen*. In unserem städtischen Leben, das vom Streß geprägt ist, beschleunigen sich Atmung und Herzschlag nicht nur, weil wir immer auf dem Sprung sind, sondern auch, weil Atmung und Herzschlag von unseren Gefühlen abhängig sind und sich beispielsweise bei Angst beschleunigen. Wollen wir uns *nicht rücksichtslos verbrauchen*, müssen wir den uns aufgezwungenen Rhythmus durchbrechen.

Der Mensch ist wie *eine merkwürdige physikalisch-psychologische Maschine.* Er ist das Lebewesen, das sich mit der größten Leichtigkeit anpaßt. Er kann am Pol und in der Wüste leben. Ich weiß, daß dem Menschen schier unglaubliche Dinge möglich sind. Ich habe die Hölle überlebt, habe dort überlebt, wo ich noch Tage, bevor ich dahin kam, nicht geglaubt hätte, auch nur eine einzige Sekunde leben zu können. Der Mensch kann sich auf den Rhythmus, der ihm aufgezwungen wird, einstellen.

Wir alle, auch Sie, haben uns dem Rhythmus des modernen städtischen Lebens angepaßt. Sie atmen eine Luft, die mit giftigen Gasen gesättigt ist, aber Sie leben. Das Wunder des Menschen ist gerade diese wunderbare Fähigkeit zur Anpassung, die aus ihm den Eroberer der Erde gemacht hat.

Aber um welchen Preis? Was muß er dafür zahlen?

Denken Sie an die modernen Krankheiten, an die Depressionen und Angstzustände, denken Sie an den Krebs. Der Krebs ist eine Krankheit unserer Zeit. Es ist, als ob die Zellen unseres Organismus plötzlich verrückt würden, als ob sie den Rhythmus der Großstädte annähmen, als ob sie sich wie die Massen in den Untergrundbahnen oder auf den Ausfallstraßen unserer Städte zusammenballten. Die Zellen wuchern wie die Bevölkerung, die in den Städten zusammengepfercht ist. Und diese Wucherung zerfrißt uns mit der Zeit und zerstört unseren Körper.

Vielleicht liegt es an dem überdrehten Rhythmus unseres Lebens, an unserer Unmöglichkeit, Frieden zu haben, daß heute diese Krankheit so häufig auftritt. Vielleicht ist es auch die tiefe Niedergeschlagenheit, die das Leben vieler Menschen so traurig macht.

Dann wird der Organismus in seinem wesentlichsten Teil – der Zelle – krank, als ob er nicht überleben wollte und beschlossen hätte, sich zu zerstören und zu sterben.

Kennen Sie zoologische Gärten?

Ich habe diese Orte, wo stolze Tiere hinter Gitterstäben zusammengepfercht sind, immer als düster empfunden. Sie erinnerten mich zu sehr an menschliche Schicksale, und wenn ich in die Augen mancher Tiere sah, erkannte ich ihre Verzweiflung. Betrachte ich ihre Bewegungen, dieses mechanische Auf und Ab, dann weiß ich, daß diese Tiere seelisch krank sind. Die Tiere im Zoo sind verrückt, weil sie ihren natürlichen Rahmen verloren haben, ihren Rhythmus, das, was ihr Leben ausmacht. Natürlich werden sie gut genährt, gut behandelt. Man versucht in den modernen Zoos so etwas wie eine Natur aufzubauen, die der ihrer natürlichen freien Umgebung ähnelt. Doch habe ich kürzlich erfahren, daß viele dieser Tiere ihre Jungen gleich nach der Geburt auffressen! Wenn sie in Freiheit sind, kommt das so gut wie nicht vor.

Die eigenen Nachkommen *fressen* – wenn das nicht der Beweis ist, daß die Gefangenschaft sie *verrückt* macht! Hat das nicht etwas Selbstzerstörerisches, ist es nicht so, als ob sie die eigene Gattung *vernichten* wollten, weil sie, eingeschlossen zwischen Stahl und Beton, nicht mehr frei sind?

Diese Lebensverweigerung der Tiere in Gefangenschaft wird, so glaube ich, von vielen Männern und Frauen unbewußt nachgeahmt, wobei sie glauben, sich lediglich anzupassen. In vielen Krankheiten unserer Zeit, Krankheiten der Seele oder der innersten Körperorgane, äußert sich vielleicht diese *Lebensverweigerung*. Das ist der Preis, den wir bezahlen müssen, wenn wir den Rhythmus des menschlichen Lebens an den verrückten Rhythmus unserer Zeit anpassen.

Wir verlangen zuviel von uns selbst.
Ich denke an eine Frau, die in einem weitentfernten Vorort wohnt. Jeden Morgen steht sie um 5.00 Uhr auf, weckt ihre kleinen Kinder, zieht sie an, bringt sie zum Kindergarten. Dann nimmt sie den Zug: zwei Stunden Fahrt, dann die U-Bahn: fast eine dreiviertel Stunde, dann erst ist sie endlich an ihrem Arbeitsplatz. Oft muß sie rennen, um nicht zu spät ins Büro zu kommen. Dort bedient sie das Telefon, sitzt an der Schreibmaschine, empfängt Kunden, immer lächelnd und anscheinend entspannt, als ob sie in einer ruhigen, wohlwollenden und problemlosen Welt lebte. Um 18.00 Uhr verläßt sie, immer in Eile, das Büro: wieder die lange Fahrt mit U-Bahn und Zug, schnell holt sie ihre Kinder ab und macht das Abendbrot. Dann geht sie zu Bett. Und am nächsten Tag fängt alles wieder von vorne an.
Das ist, so finde ich, kein normales Leben mehr. Selbst wenn diese junge Frau schön, heiter und entspannt wirkt – ich behaupte, daß irgendwo in ihr *etwas Vitales zerstört*

wird. Sie lebt *entgegen ihrem eigentlichen Lebensrhythmus,* auch wenn ihr vielleicht nicht bewußt ist, was sie dabei erleidet und was sie das kostet.

Als ich erfuhr, daß sie schon zweimal wegen depressiver Erschöpfungszustände krankgeschrieben war – glauben Sie, daß ich eine ärztliche Diagnose brauchte, um die Ursachen zu kennen? Der Arzt hat sie zweifellos mit verschiedenen Tabletten behandelt, mit solchen, die beruhigen, und mit anderen, die aufputschen. Diesen verrückten Rhythmus wollte die Frau, als sie krank wurde, durchbrechen, aber sie hat zu lange gewartet.

Sie müssen sich selbst verschaffen, was Sie zum Leben brauchen. Sie müssen von Zeit zu Zeit den *Rhythmus durchbrechen* und sich *Pausen* zugestehen: *Stille, Entspannung.*

DAS ZWEITE PRINZIP: SIE MÜSSEN SICH ZEIT NEHMEN ZUM ATMEN.

Die Atmung entspricht, wie ich Ihnen schon gesagt habe, dem Rhythmus des Lebens, durch sie treten Sie in enge Beziehung zur Natur. *Atmen heißt das Universum der Natur in sich eindringen lassen, sich von ihm nähren.* Ganz unmittelbar und direkt atmen Sie die Atmosphäre der Erde ein. Es hat mich nicht erstaunt, in heiligen Büchern aus Indien so viel über die besondere Bedeutung des Atmens zu lesen.

Ich habe Ihnen beigebracht zu atmen. Nun ist es an Ihnen, sich die *Zeit zum Atmen* zu nehmen. Sie müssen jeden Tag die Atemübungen nach dem kontrollierten Rhythmus, den ich beschrieben habe, wiederholen. Aber das allein genügt noch nicht. Sie müssen *jede Woche einmal die Stadt verlassen* oder zumindest herauskommen aus der Welt von Zement und Metall.

Sagen Sie nicht: »Ich habe keine Zeit, es ist so schwierig, es gibt Verkehrsstaus.« Das ist nicht wahr. Sie können dem Rhythmus der anderen entgehen. Sie müssen der verdorbenen Atmosphäre der Stadt entfliehen. *Sie müssen sich die Zeit nehmen zu atmen.*

Verlassen Sie die Stadt in den ruhigen Stunden. Glauben Sie, daß Sonntag morgens vor 8.00 Uhr viele Leute auf den Straßen sind? Ich weiß aus Erfahrung, daß dann die Straßen leer sind. Nehmen Sie sich vor, um diese Zeit der Herde derer, die alle gleichzeitig die Stadt verlassen wollen, zu entweichen. Sie brauchen nicht weit zu gehen. Vielleicht gibt es am Stadtrand einen Park, und vielleicht können Sie mit einem wenig benutzten öffentlichen Verkehrsmittel fahren. Dieser wöchentliche Aufbruch aus der Stadt muß für Sie zur Gewohnheit werden, und Sie müssen sich klar darüber sein, daß er *notwendig* ist. Selbst wenn Sie anfangs einen Widerstand in sich spüren, diesen Weg *regelmäßig* zurückzulegen, werden Sie – das weiß ich – bald das Vergnügen daran entdecken. Dem aufgezwungenen Rhythmus zu entfliehen, durch die Wahl des Zeitpunktes und des Weges inmitten der wimmelnden Masse Ihre Unabhängigkeit wiederzufinden und vor allem Ihre Lungen der reineren Atmosphäre des Waldes zu öffnen – all das wird Sie mit Freude erfüllen.

Aber wenn Sie durch die Felder oder durch den Wald gehen, dann tun Sie das nicht gedankenlos. *Ihr Handeln bleibt wertlos und nützt nichts, wenn es nicht von Ihrem Willen, Ihrem Bewußtsein geleitet wird. Ihr Handeln bleibt wertlos, wenn Sie es nicht mit Sinn erfüllen.* Während des Gehens nachzudenken, das bedeutet, bewußt zu atmen. Die Luft soll *langsam* in Sie *eindringen* und sich in Ihrem ganzen Körper ausbreiten, weil Sie selbst es in tiefster Seele wollen. Und dann müssen Sie *tief ausatmen* und weitergehen, den Bauch eingezogen, damit Ihr Lebensbaum sich ausdehnt und Sie vom Atmen und Gehen wirklich etwas haben.

Mehr kann ich nicht sagen. Ich kann nur wiederholen, daß man *den aufgezwungenen Rhythmus zerbrechen* muß, um den psychischen und biologischen Rhythmus der Natur wiederzufinden. Sie müssen verstehen, wie Sie Ihr psychisches und physisches Energiepotential schützen können. Wir dürfen nicht werden wie die Tiere im Zoo, eingeschlossen, krank, die sich selbst und ihre Gattung zerstören.

Aber was nützt das rhythmische Atmen, was nützen die Ausflüge in die Natur, zu denen Sie sich entschließen, was nützt dieses Buch, das Sie gerade lesen, *wenn Sie sich selbst täglich vergiften?* Oder wenn Sie zulassen, daß die, die Sie lieben, sich vergiften?

Ich will jetzt – Sie haben es gewiß gemerkt – von dem Suchtmittel *Tabak* sprechen. Zucken Sie nicht mit den Achseln. Denken Sie nicht: »Darüber weiß ich schon alles.« Wenn Sie immer noch rauchen, dann ist das der Beweis, daß Sie nichts wissen oder daß das, was Sie wissen, von Ihnen nicht ernst genommen wird. Auch wenn Sie selbst nicht rauchen, aber zulassen, daß jemand, der Ihnen nahesteht, weiter raucht, dann bedeutet auch das, daß Sie nichts wissen, denn wie würden Sie sonst dulden, daß jemand, den Sie lieben, sich vor Ihren Augen mit Ihrer Zustimmung zerstört? Das tun Sie aber, wenn Sie rauchen oder die anderen gewähren lassen. Sagen Sie nicht: »Ich rauche nur unschädliche Zigaretten und nur wenige pro Tag.« *Jede Zigarette ist zuviel.* Zuviel für Ihre Lungen, zuviel für Ihr Herz, zuviel für Ihre Arterien, zuviel – und das vergißt man – *für Ihr inneres Gleichgewicht.*

Ich bin kein Arzt, aber es gibt genügend Untersuchungen, die beweisen, daß beispielsweise bei Männern zwischen 40 und 70, die regelmäßig eine Packung Zigaretten oder mehr pro Tag rauchen, die Sterblichkeit durch Erkrankungen der Herzkranzgefäße doppelt so hoch ist wie bei Nichtrauchern derselben Altersstufe.

Wollen Sie doppelt so schnell sterben? Dann rauchen Sie!
Wollen Sie die, die Sie liebhaben, doppelt so schnell sterben sehen? Dann lassen Sie sie rauchen!

Sagen Sie nicht: »Ich inhaliere ja nicht.« Der Arzt Dr. Louis Cournot schreibt in seinem Buch über den Herzinfarkt: »Was die Annahme betrifft, das Inhalieren des Tabakrauchs sei weniger gefährlich, so will ich, auf die Gefahr hin, Sie zu verärgern, davon gar nichts wissen.

Solche Differenzierungen erscheinen mir unerheblich, wenn das Leben auf dem Spiel steht.« Davon müssen Sie überzeugt sein und vor allem auch von der *wissenschaftlich bewiesenen Gefährlichkeit des Tabaks*.

Überzeugt sein, das bedeutet ja nicht nur, etwas mit einem Teil Ihres Verstandes zu wissen. Es bedeutet vielmehr, diese Wahrheiten wirklich in sich aufnehmen und sich bewußt machen, was sie aussagen. Denken Sie nur an den morgendlichen Raucherhusten, Ihren eigenen oder den eines Menschen, den Sie liebhaben. Mobilisieren Sie Ihre Einbildungskraft, um zu sehen, zu hören, zu empfinden. *Sie müssen sich alles so lebhaft vor Augen führen, daß Ihnen diese Bilder unerträglich werden.* Das ist der erste Schritt, danach werden Sie allmählich bereit, den Kampf gegen *diese schädliche Droge* aufzunehmen.

Es wird nicht einfach sein.

Sie müssen zunächst, das ist die zweite Etappe, verstehen, *daß Sie aus psychologischen Gründen* zu *rauchen* angefangen haben und daß man aus psychologischen Gründen raucht.

Wir haben schon davon gesprochen: Anfangs raucht man aus Neugierde, aus Nachahmungstrieb, um Minderwertigkeitsgefühle zu kompensieren. Man will erwachsener *erscheinen*, männlicher, unabhängiger. Sie müssen davon überzeugt sein, daß das Rauchen eine Art ist, vor anderen und vor sich selbst eine Rolle zu spielen.

Schließen Sie dieses Buch.
Versuchen Sie sich an Ihre erste Zigarette zu erinnern.
Rufen Sie sich diese ganze Szene
mit aller Offenheit
und allen Einzelheiten ins Gedächtnis.
Erinnern Sie sich jetzt.
Schließen Sie dieses Buch.

Wenn Sie selbst nicht rauchen, dann geben Sie dieses Buch einem Raucher zu lesen, den Sie von seiner Sucht abbringen wollen, und sprechen Sie mit ihm darüber.

Auf die erste Zigarette folgen viele andere, und schließlich wird das Rauchen zu einer *psychischen und physischen* Gewohnheit. Sie müssen auf beiden Gebieten kämpfen, aber – und das ist der dritte Schritt – *der psychische Kampf ist der wichtigste.* Sie werden aufhören zu rauchen, wenn Sie sich entschieden haben, nicht mehr zu rauchen. Es ist das Zeichen für *einen Sieg über sich selbst,* über die negativen Aspekte des eigenen Innern.

Beginnen Sie also damit, sich *psychologisch zu ändern.* Zwischen dem Augenblick, wo Sie mit mechanischer Geste zu einer Zigarette greifen, und dem, wo Sie sie an die Lippen führen, müssen Sie *eine geistige Schranke errichten.* Der mechanische Griff zur Zigarette muß unmittelbar ein Gegenbild, einen *Gegenbefehl Ihres Willens* hervorrufen.

Jeden *Griff zur Zigarette* sollten Sie als *Demütigung* empfinden. Sie sollten dabei die negative Vorstellung

eines Kranken von sich haben. Wenn Sie rauchen, sollten Sie stets die Gefahr, die Sie laufen, vor Augen haben. Jede Zigarette sollte der Gegenstand eines *Kampfes* zwischen Ihrer Gewohnheit und Ihrem Gewissen sein.
Legen Sie Ihrer Gewohnheit *Hindernisse* in den Weg: So sollten Sie nur eine begrenzte Anzahl Zigaretten bei sich haben und diese Zahl beispielsweise von zehn auf fünf reduzieren. Gleichen Sie den Mangel, den Sie spüren, durch andere Aktivitäten aus. Vor allem aber: *Lassen Sie sich helfen.*

Sich helfen zu lassen, um Fortschritte zu machen, ist kein Eingeständnis von Schwäche. Sich helfen zu lassen ist ein Zeichen von Intelligenz und letztlich von *Selbstvertrauen.* Es bedeutet, einen Zeugen zu haben, dem man sagen kann: »Ich will aufhören zu rauchen. Wenn du mir helfen willst, dann sei du derjenige, der darauf achtet, ob ich siege oder unterliege. Du sollst der Richter sein.« Das bedeutet, daß Sie den Mut haben, öffentlich eine Wette auf Ihre Willenskraft einzugehen. *Lassen Sie sich helfen.*
Machen Sie sich klar, daß es kein Wundermittel, keine Tabletten, keine Behandlung gibt, die Ihnen *die tägliche persönliche Anstrengung* ersparen. Sie müssen begreifen, daß Sie es selbst sind, der sich und denen, die er liebhat, das gibt, *was der Mensch zum Leben braucht.*
Worauf es ankommt ist: Sie müssen *lernen zu atmen* und sich *Atempausen* zu verschaffen. Weil Sie die Bedeutung dieser lebensnotwendigen Funktion erkannt haben, werden Sie *auf die Gifte, die Sie zerstören, verzichten:* Regel-

mäßig werden Sie den verrückten und ununterbrochenen Rhythmus des modernen Lebens durchbrechen. *Das Rauchen,* das Ihren Körper und Ihre Seele schädigt, *werden Sie sich verbieten.*

WARTEN SIE NICHT AUF MORGEN!

Machen Sie sich jetzt Ihr Programm für einen neuen Lebensrhythmus. Wann fangen Sie an? Welches Ziel haben Sie? Wieviel Zeit werden Sie auf das bewußte Atmen beim Wandern in reiner Luft verwenden? Um wieviel werden Sie Ihren Zigarettenkonsum verringern? In welcher Zeit werden Sie aufhören zu rauchen? Wann fangen Sie an, sich helfen zu lassen? Wem werden Sie selbst zum Helfer, indem Sie mit ihm über das sprechen, was Sie eben gelernt haben?

Wenn Sie sich jetzt nicht entscheiden, dann legen Sie dieses Buch weg. Wozu soll es Ihnen noch nützen? Aber ich weiß, daß Sie das nicht tun werden. Denn dieses Buch gehört Ihnen und soll jeden Tag noch mehr das Ihrige werden.

**Sie selbst, Ihre Gedanken, Ihre Träume, Ihr Leben,
IHR BUCH**

*Schreiben Sie jetzt auf, notieren Sie hier, was Sie bewegt:
Ihre Gefühle, Ihre Freude, Ihre Zweifel, Ihre Unruhe.
Wem wollen Sie sich anvertrauen, wenn nicht sich selbst?
Welcher Mensch wird Sie am besten verstehen können?
Schreiben Sie und lassen Sie dabei den inneren Reichtum
in sich aufsteigen, den das Leben allzu oft nicht auszudrük-
ken erlaubt. Ich schreibe Ihnen dieses Buch wie einen
Brief. Antworten Sie mir zunächst hier an dieser Stelle, und
wenn Sie das Bedürfnis danach empfinden, können Sie mir
auch einen Brief schreiben.*

_____

_____

_____

_____

_____

_____

_____

9. Wählen Sie die wahre, tiefe, dauerhafte Freude

Es gibt ein viertes Geheimnis Ihrer Zukunft. Wie ist es möglich, daß Sie es nicht entdeckt haben, wenigstens zum Teil, wenn nicht, wie ich mir wünschte, in seiner ganzen Tiefe? Ich muß jetzt davon sprechen, sehr ausführlich, damit Sie sich seiner bemächtigen und damit es Ihnen hilft, Ihr Leben zu ändern.

Ein Geheimnis? Schauen Sie sich doch um. Sehen Sie sich die Menschen an, die das dreißigste Lebensjahr überschritten haben. Die Mehrzahl von ihnen und auch viele Jugendliche leiden an Übergewicht.

Ich will hier gar nicht von der Schönheit reden. Jede Epoche hat ihr eigenes Schönheitsideal. Es genügt, Gemälde aus der Vergangenheit zu betrachten, um zu entdecken, daß das Idealbild, das sich beispielsweise ein Mann von einer Frau macht, im Laufe der Geschichte sich wandelt. Dieses Bild ist sogar von Land zu Land verschieden. Außerdem ist Schönheit etwas ganz anderes als ein gut gewachsener Körper. Es gibt vollkommene Körper, die einen so gleichgültig lassen wie steinerne Statuen. Es gibt makellose Gesichter, die doch den Blick nicht fesseln. Dagegen genügt es, daß aus einem Augenpaar die Seele spricht, um einen Menschen für immer in ihren Bann zu schlagen. *Schönheit – es ist wichtig, das zu wissen – ist vor allem innerer Reichtum.* Es ist der Charakter, der in ihr zum Ausdruck kommt und sie lebendig macht. Lebendige Schönheit, von der man sich nicht lösen kann, strahlt Großherzigkeit aus. Es wird dann unwichtig, ob die Körperformen, die Gesichtszüge vollkommen sind oder nicht, sie erscheinen als schön, sie erstrahlen vom inneren Wesen des Menschen und altern nie, wenn nur dieser Schimmer fortbesteht. Jeder von uns sucht im anderen, den er liebt, dieses Strahlen. Es entsteht ein harmonisches Einverständnis, das unabhängig davon ist, ob man eine außergewöhnliche Schönheit erkannt hat, die jenen Bildern entspricht, die man von der Frau oder dem Mann in sich trägt. Das harmonische Einverständnis – wir nennen es Liebe – entsteht zwischen zwei Persönlichkeiten, deren jede eine vielgestaltige Welt birgt, wovon der Körper nur ein Aspekt ist. Die Liebe dauert und sie gelingt, wenn die beiden Wesen sich ergänzen, sich gegenseitig Sicherheit geben und jeder sich durch den anderen entfaltet. Trennt sich das eine vom anderen, sind beide verstümmelt.

Aber ich spreche nicht von der Schönheit oder der Möglichkeit, zu lieben und geliebt zu werden, wenn ich sage, daß unsere Körper zuviel Gewicht haben. Ich spreche von der *Gesundheit*.

Ich war und ich bin noch, wie ich glaube, ein kräftiger Mann mit großer Widerstandskraft und viel Energie. Jedenfalls bestätigen mir das alle meine Freunde. Der Krieg hat mir das am eigenen Leibe bewiesen. Als ich meinen Lebensbericht schrieb und dabei die tragischen und gewalttätigen Geschehnisse, die ich durchgemacht habe, wieder erlebte, war ich selbst erstaunt, wieviel Überlebenskraft ich gehabt hatte. Meine Eltern hatten mir ein wunderbares Erbe von Gesundheit hinterlassen und mein Vater außerdem das Erbteil an psychischer

Energie aus den Traditionen meines Volkes. Jeder von uns verfügt über ein derartiges mehr oder weniger bedeutsames Erbe, das aber meist verschwendet wird.

Als ich nach dem Krieg in die Vereinigten Staaten ging, habe ich mich erneut in harte Kämpfe stürzen müssen, von denen ich ebenfalls berichtet habe. Hier will ich nur sagen, daß ich Tag für Tag gespürt habe, wie meine Gesundheit und meine psychische Energie sich erschöpften. Ich lebte schlecht in der Hektik der Großstadt, deshalb habe ich, wie es häufig geschieht, um dem Nervenverschleiß Widerstand zu leisten, zuviel gegessen und zuviel getrunken, ohne darüber nachzudenken, was ich da verschlang. Ich bevorzugte möglichst scharf gewürzte Speisen und die schwersten Fleischgerichte. Denn ich brauchte doch Kraft, dachte ich mir, Kraft und Energie. Aber dadurch wurde meine Verdauung belastet. Auch trank ich Aufputschmittel, um mich wach zu halten: Alkohol, Kaffee.

Als ich meine Frau kennenlernte, wurde mir eines Tages klar, welchen *Raubbau* ich da betrieb. Einen nicht wiedergutzumachenden Raubbau an meiner Gesundheit! Meine Frau war im selben Räderwerk gefangen: ein zu hektisches Leben, die Hartherzigkeit des großstädtischen Betriebs, hastig hinuntergeschlungene Mahlzeiten und unmittelbar danach die Arbeit, eine kalorienreiche Nahrung, die, wie wir meinten, uns die Kräfte wieder geben sollte, die wir bei all der Hetze verbrauchten. Als wir uns kennenlernten, waren wir beide an dem Punkt, wo alles auf dem Spiel steht. Doch wir haben Glück gehabt. Ich bin in eine Klinik gegangen und habe unter ärztlicher Aufsicht eine achtunddreißigtägige Fastenkur begonnen, bei der ich 17 Kilo abnahm. Meine Frau hat die gleiche Kur durchgemacht. Und während es uns vorher nicht gelang, Kinder zu bekommen, war sie unmittelbar darauf schwanger.

Später habe ich, in meinem Haus in Frankreich, mit der Vorstellung gelebt, meiner Familie als schönstes Erbteil Gesundheit und psychische Energie zu schenken. Damals habe ich viel über Probleme der Ernährung des Menschen nachgedacht. Ich habe die Werke des amerikanischen Arztes Herbert McGolphin Shelton gelesen und mich entschlossen, eine strenge Ernährungsdisziplin zu befolgen. Ich habe begriffen, daß es bei einer Mahlzeit auf die richtige *Zusammensetzung* der Nahrungsmittel ankommt. Ich lernte, daß die meisten Krankheiten weniger durch Bazillen von außen als durch Giftstoffe, die in unserem Körper sind, hervorgerufen werden. Und diese Giftstoffe sind häufig das Ergebnis einer falschen und schlechten Ernährung. Nachdem das Unglück meine Familie getroffen hatte, war ich gezwungen, diese Lebensregeln zum Teil wieder aufzugeben.

Ich will diese Ernährungsdisziplin hier nicht verteidigen. Sie ist zur Zeit zu streng für mich, zu streng auch für Sie, denn Sie arbeiten und leben in der Stadt, und es ist schwierig, Lebensregeln zu befolgen, an die ich zwar glaube, aber von denen ich weiß, daß sie aus praktischen, finanziellen und sozialen Gründen kaum durchführbar sind. Aber bevor ich Ihnen sage, wie Sie eines der wesentlichsten Geheimnisse Ihrer Zukunft in den Griff bekommen können, *wie Sie zur wahren, tiefen, dauerhaften Freude gelangen können,* wollte ich Sie wissen lassen, daß ich am eigenen Leibe sowohl Übersättigung als auch Hunger erfahren habe, daß ich sehr wohl die Zufriedenheit nach einer guten Mahlzeit und die aufsteigende Wärme nach einem Schluck Alkohol kenne. All das scheint Fröhlichkeit zu erzeugen, aber ich kenne auch die Beweglichkeit des Geistes, die Leichtigkeit und das Gefühl intellektueller Kraft und Energie, hervorgerufen durch eine vernünftige und kontrollierte Ernährung sowie das Empfinden der Selbstreinigung bei einer Fastenkur.

Ich habe zwischen der Befriedigung durch eine Ernährung nach meinem Geschmack, nach meiner Laune oder der Mode, und der wahren, tiefen, dauerhaften Freude an einer vernünftigen Ernährung gewählt. Ich habe mich, zu meinem Nutzen, für das letztere entschieden. Ich möchte gern, daß Sie diese Erfahrung teilen. Ich möchte, daß es mir gelingt, Sie zu überzeugen oder Sie in Ihrer Entscheidung zu bestätigen. Denn darin liegt das vierte Geheimnis Ihrer Zukunft.

DAS ERSTE ANZUWENDENDE PRINZIP ist scheinbar einfach:
NIEMALS ESSEN, AUSSER WENN MAN WIRKLICH HUNGER HAT.
Das ist einfach, werden Sie denken. Aber überlegen Sie: Warten Sie wirklich, bis Sie vom Hunger gepackt wer-

den? Essen Sie wirklich nur, wenn er an Ihnen nagt und Sie sich darauf freuen, ihn zu stillen? Meist genügt es schon, sich selbst oder andere zu beobachten, um zu entdecken, daß meist nicht aus Hunger gegessen wird, sondern aus Gewohnheit oder auch wegen des Vergnügens an Speisen, die so zubereitet und angerichtet werden, daß sie unseren Appetit erregen.

Nur, *Appetit ist nicht Hunger.* Hunger – ich kenne ihn zur Genüge – ist eine wahre Begierde, ein wirkliches Bedürfnis. Es ist, tief innen im Körper, eine Art Vorfreude, eine natürliche Vorfreude auf echte Befriedigung. Der Appetit verlangt nur nach Befriedigung des Geschmacks. Aber verstehen Sie mich nicht falsch! Sie sollen sich ja nicht sagen: »Aber wozu soll ich noch leben, wenn alles, was mir Spaß macht, verschwindet, wenn ich auf das Vergnügen des Appetits, auf den Genuß einer guten Mahlzeit verzichten soll? Das Leben besteht schließlich nicht nur aus dem, was notwendig ist. Die Freude, auch die Freude am Essen, das ist es, was im Leben zählt.«
Sie haben recht, so zu denken. Es ist nur notwendig, das Bewußtsein zu entwickeln, daß Sie *Ihre Ernährung kontrollieren* müssen. Vergessen Sie nicht, daß in unserer Welt alles auf den *Verkauf* ausgerichtet ist. Man versucht, Ihren Appetit, Ihren Durst zu reizen. Man weckt Ihre Bedürfnisse, auch *falsche Bedürfnisse,* um Sie in Konsumenten, in regelmäßige Käufer zu verwandeln.
Lassen Sie sich nicht zu einer Konsummaschine machen. Werden Sie nicht einfach zu einem Rädchen in der Ma-

schinerie des Kaufens und Verkaufens, der es gleichgültig ist, ob das, was Sie verzehren, gut ist für Sie.

Genießen Sie das Vergnügen, aber entdecken Sie, wo die wahre, die tiefe, die dauerhafte Lebensfreude liegt. Sie liegt in der *Einfachheit,* in der *Unverfälschtheit* der Lebensmittel. Auf ihre *Zusammensetzung* kommt es an, denn unser Magen ist wie eine chemische Fabrik, und manche Verbindungen von Nährstoffen rufen *Reaktionen* hervor, die für den Organismus günstig oder ungünstig sind. Wer von Ihnen weiß denn oder wem hat es ein Arzt gesagt, daß zum Beispiel die Verbindung von Kohlehydraten und Proteinen in ein und derselben Speise Giftstoffe entstehen läßt, die die Verdauung erschweren?

All dies heißt: Feiern Sie regelmäßig *Feste,* aber werden Sie nicht zum Sklaven von Eßgewohnheiten, die verhängnisvoll für Sie sind. Nach den letzten medizinischen Forschungsergebnissen ißt der Mensch der westlichen Gesellschaft rein mengenmäßig drei- bis fünfmal mehr als er braucht. Sein Körper hat zuviel Gewicht, nimmt zuviel Kalorien auf. So wird der Körper schließlich zu einer Ausscheidungsfabrik. Und die Reste und Rückstände lagern sich nach und nach in den Arterien ab oder werden zu Fett im Gewebe und im Blut.

Muß man sich da noch wundern, wenn es zu Krankheitserscheinungen kommt, die die Arterien schädigen und den Blutdruck in die Höhe treiben? Der Mensch ist einer brutalen Zivilisation unterworfen, die ihn zwingt, seinen Lebensrhythmus immer mehr zu beschleunigen, deshalb konsumiert er, befrachtet seine Körpermaschine mit Kalorien, wird zu dick und sucht dennoch sein Heil in den leicht erreichbaren Befriedigungen von Essen und Trinken. Sie wissen sehr wohl, daß es häufig Angst und Unruhe sind, die Sie zum Genuß treiben. Diese Gier nach Essen und Trinken ist wie eine Flucht: Wir suchen auf diese Art, dem zu entkommen, was uns quält. Und das ist allzuoft nur unsere große Angst, zu versagen, eine Angst, die wahrscheinlich sehr tiefe Wurzeln hat – und also essen wir. Aber wir glauben nur Hunger zu haben, eigentlich haben wir bloß Appetit. Wir bilden uns ein, daß der Durst uns quält, dabei folgen wir nur unserer Gewohnheit, einen Aperitif zu trinken. Wie viele meiner Freunde, sobald sie nur einen Anlaß finden, gönnen sich ohne jeden Grund ein Getränk, und wollen, daß man mit ihnen trinkt, um die Gelegenheit zu haben, noch mehr zu trinken. Man spricht mit Recht von harten Drogen, aber wie viele unter uns benutzen Drogen, ohne es zu wissen: Zigaretten, Alkohol, der regelmäßig konsumiert wird, Tabletten aller Art wie Schlafmittel, Beruhigungsmittel, Aspirin.

Ich will Ihnen helfen, Ihr Gleichgewicht wiederzufinden. Und im Grunde wissen Sie gut, daß Sie das können. Sie dürfen nur nicht dem Druck der anderen, der Macht der Gewohnheit nachgeben. Sie müssen Ihr Leben selbst in die Hand nehmen und sich dabei bewußt sein, *daß auch Ihre Art und Weise zu essen ein Teil Ihres Lebens ist.* Achten Sie auf die Zusammenstellung der Nahrungsmittel in ein und derselben Mahlzeit, denn Sie dürfen nicht in Ihrem Magen Wasser und Feuer mischen.

Sagen Sie nicht: Das ist ja lächerlich!

Sagen Sie nicht: Dann ist das Leben nichts weiter als ein unaufhörliches Aufpassen! Wenn man auf jeden Lebensmoment achten soll, wo bleibt dann die Freude am Leben?

Sagen Sie nicht: Lieber mache ich, was ich will, und pfeife auf die Gefahr.

Denken Sie nach.

Es muß Ihnen gelingen, »den Jahren Leben hinzuzufügen« und nicht »dem Leben Jahre«, wie Doktor Alexis Carell sagte. Es lohnt sich, aufzupassen und sich der Risiken bewußt zu sein, die das gewohnheitsmäßige und übermäßige Essen mit sich bringt.

DAS ZWEITE PRINZIP verlangt, daß Sie vom Tisch aufstehen können ohne das Gefühl, vor Sattheit fast zu ersticken, das Sie nach einer überreichen Mahlzeit haben. SIE DÜRFEN NICHT BIS ZUR VÖLLIGEN SÄTTIGUNG ESSEN, bis zu jenem Völlegefühl, das manche Genuß am Essen nennen und das so verhängnisvoll für die Gesundheit ist. Dazu kommt DAS DRITTE PRINZIP: SIE MÜSSEN DIE MAHLZEIT IN RUHE ZU SICH NEHMEN, jeder Augenblick ist wichtig. Manchmal ist es besser, gar nichts zu essen als hastig irgendwelche undefinierbaren Speisen. DAS VIERTE PRINZIP: DER VERDAUUNGSVORGANG, ein Prozeß, der sehr viel Energie verbraucht, SOLLTE IN GROSSER

RUHE VERLAUFEN. Schließlich ist es notwendig, daß Sie – FÜNFTES PRINZIP – EINE MAHLZEIT ÜBER-SPRINGEN KÖNNEN, wenn Sie zuvor allzu üppig ge-gessen haben. DAS SECHSTE PRINZIP: Sie dürfen niemals vergessen, daß der Mensch FRÜCHTE, GEMÜ-SE UND SALATE braucht. Deshalb beginnen Sie, wenn Sie können, jeden Tag mit dem Verzehr von Obst.

All das sage ich Ihnen genauso ernsthaft, als ob ich mit Ihnen über das Universum und das Schicksal des Men-schen sprechen würde. Ich sage es Ihnen, weil ich glaube, Sie müssen es einfach hören, und Sie müssen begreifen, *daß Ihr Leben eine Einheit ist.* Ihr Körper und Ihre Seele müssen zu zwei Verbündeten werden, und Sie dürfen nicht den einen um des anderen willen vernachlässigen. Sie sind es sich schuld, *Ihre wahren Bedürfnisse herauszu-finden.* Sie fühlen sich müde, oft haben Sie Angst, das Aufwachen fällt Ihnen schwer, Sie sind depressiv. Wün-schen Sie sich nicht, daß jeder Morgen wie eine Wieder-geburt sei? Daß Sie sich in den Tag stürzen wie ein Taucher, der sich an einem Sommertag mit Freude in die Frische des Meeres wirft?
Ist es denn so schwer, was ich von Ihnen verlange? Täglich ein paar kurze Übungen auszuführen – ist das ein zu hoher Preis, um die Jugend seines Körpers und seines Geistes zu bewahren? Glauben Sie nicht, daß *die wahre, die tiefe, die dauerhafte Freude,* die darin besteht, in Harmonie mit sich selbst zu leben, mehr wert ist als viele der kurzen täglichen Vergnügungen, die Sie sich manch-

mal aus Schwäche oder aus Gewohnheit oder auch aus Müdigkeit zugestehen?

Ich will, daß Sie *in Einklang mit sich selber* sind. Das ist auch Ihr Wunsch, aber Sie befürchten, diese Harmonie nicht erreichen zu können. Sie bilden sich ein, sie verloren zu haben, oder meinen, es koste zu viele Anstrengungen, um sie zu erreichen. Das ist falsch. Sie tragen den Willen und die Fähigkeit zum *Glück* in sich, *aber Sie müssen den richtigen Weg wählen.* Sie müssen die Fallen erkennen, die Ihnen die Gesellschaft stellt, die Sie nach Bedürfnissen formen will, die nicht die Ihren sind und denen Sie nicht nachgeben dürfen. Es ist notwendig, daß Sie trotz der Gesellschaft, manchmal sogar gegen sie, *Ihrem eigenen Lebensplan folgen,* daß Sie entdecken, was Sie wirklich wollen und was Sie tun müssen, um *zur tiefen, echten, dauerhaften Freude* zu gelangen.

WAS SIE TUN MÜSSEN IST EINFACH, UND SIE KÖNNEN ES.

Sie müssen:

– über Ihren Lebensbaum wachen und lernen, Ihre Muskeln zu entspannen und zu kräftigen. Einige Übungen genügen.

– lernen, zu atmen, sich die Zeit lassen, zu atmen; Sie sollten regelmäßig in der Natur spazierengehen.

– überwachen, was Sie essen, zunächst, was die Menge betrifft und die Art, in der Sie es essen.

– die Nahrungsmittel in jeder Mahlzeit überlegt zusammenstellen.

Wenn Sie diese elementaren Regeln anwenden, dann wird IHR KÖRPER IHR VERBÜNDETER BLEIBEN ODER WIEDER WERDEN.
– Sie müssen auch wissen, was Sie wirklich wollen, und dafür sorgen, daß Sie geliebt werden.
Das sind die *vier ersten Geheimnisse, von denen Ihre Zukunft abhängt.*

Lesen Sie die vorhergehenden Seiten wieder.
Wenden Sie die Prinzipien an, die ich vorschlage.
Meditieren Sie.
Öffnen Sie sich denen, die Sie lieben,
sprechen Sie mit ihnen über dieses Buch,
lesen Sie ihnen diese Seiten vor.
Helfen Sie ihnen,
und sie sollen Ihnen helfen.

Aber diese vier ersten Geheimnisse, von denen Ihre Zukunft abhängt, diese einfachen Prinzipien, die imstande sind, Sie zu verändern, denen, die Sie lieben, das Leben zu erleichtern, können Sie nicht anwenden und Früchte tragen lassen, wenn Sie nicht auch über das *fünfte Geheimnis* verfügen, das, von dem die anderen abhängen. Ohne dieses ist nichts möglich. Ohne es wird dieses Buch nur ein Buch unter vielen sein, und es soll doch mehr sein.
Es soll eine Stütze sein, die Ihnen erlaubt, mehr *Sie selbst* zu werden.

> Deshalb bitte ich Sie jetzt:
> SCHLIESSEN SIE DIESES BUCH.
> Denken Sie nach.

Denken Sie an das, was Sie am nötigsten brauchen, es ist DAS FÜNFTE GEHEIMNIS, DAS, VON DEM ALLES ABHÄNGT.

Sie selbst, Ihre Gedanken, Ihre Träume, Ihr Leben, IHR BUCH

Wir haben jetzt schon einen langen Weg gemeinsam zurückgelegt. Blättern Sie dieses Buch durch und lesen Sie die Zeilen, die Sie selbst am Ende der vorhergehenden Kapitel geschrieben haben. Lesen Sie Ihr Buch wieder, das sich mit dem überkreuzt, das ich geschrieben habe. Unsere Gedanken haben sich vermischt. ES IST NOTWENDIG, DASS SIE HIER FORTFAHREN und sich dem Freund, sich selbst, mir anvertrauen.

SCHREIBEN SIE! Schreiben Sie auch an mich, wenn Sie wollen. Schreiben Sie an die, die Sie lieben. Vielleicht leihen Sie ihnen auch dieses Buch, und es kommt zu einem Austausch zwischen Ihnen. Warum sollten alle die, die das Buch gelesen und sich ihm anvertraut haben, es Ihnen nicht leihen? Und warum sollten Sie nicht Ihr eigenes Exemplar verleihen?

Auf diese Weise würden Sie einander besser kennenlernen. Sie würden einander mehr lieben. Sie könnten einander helfen, einander verstehen. Und die Kette der Freundschaft und des Vertrauens würde größer. Von mir zu Ihnen, von Ihnen zu mir, von Ihnen zu den anderen. So kann sich die Welt ändern, weil Sie und ich, die anderen und wir uns austauschen, um uns besser kennenzulernen, um uns besser zu verstehen und mehr zu lieben. Wenn Sie Ihr eigener Verbündeter sind, kann auch ein anderer Ihr Verbündeter werden. Schreiben Sie, vertrauen Sie sich an.

10. Das fünfte Geheimnis

Als ich mich diesen Morgen anschickte, dieses neue Kapitel zu beginnen, vielleicht das bedeutendste, seit ich mit Ihnen spreche, kam der Briefträger und brachte wie jeden Tag einen Packen Briefe. Sie kommen von überall her, aus der Schweiz, aus Belgien, aus den Vereinigten Staaten, aus Frankreich, aus Kanada. Seit ich meine beiden Bücher veröffentlicht habe, hat sich ein intensiver Dialog ergeben, der mir die Freundschaft verschiedenster Menschen bringt, die oft mit völliger Verwirrung oder Verzweiflung ringen.

Ich habe einen der Briefe von diesem Morgen geöffnet. Eine berufstätige Frau, alleinstehend, dreiunddreißig Jahre alt, schreibt mir: »Es ist vier Jahre her, daß ich mich habe scheiden lassen. Ich wollte mich nicht scheiden lassen. Aber mein Mann lebte wegen seines Berufes woanders, in einer anderen Stadt, und was kommen mußte, traf ein. Er hat eine andere Frau getroffen. Ich hätte diese Prüfung angenommen, aber er wollte sich trennen. Nun lebe ich mit jemandem zusammen, ich kann mich, wenn ich will, wieder verheiraten. Er versteht sich wunderbar mit meinem Sohn, er versteht mich. Er ist aufmerksam, ich liebe ihn auch, glaube ich, warum aber wieder anfangen? Ich habe, vor allem am Morgen, wenn ich aufstehe, den Eindruck, daß sich alles wiederholen wird, daß ich bald die Gewohnheiten meiner ersten Ehe wiederfinden werde und daß es nicht der Mühe wert ist, zu versuchen, wieder neu anzufangen. Vor allem, da mein Freund, wenn wir uns verheiraten, ein Kind will. Und ich frage mich, ob ich stark genug bin, dieses neue Abenteuer, diese lange Reise zu unternehmen. Ich weiß es nicht, und die Unruhe verwirrt mich. Sie, Sie sind entschlossen, das fühlt man durch Ihre Bücher. Sie geben mir Vertrauen, aber ich habe so wenig Vertrauen zu mir selbst.«

Ich habe diesen Brief etwas geändert, denn er war nicht für Sie bestimmt. Aber das Wort findet sich darin, das Wort, das das *fünfte Geheimnis* Ihrer Zukunft ausdrückt: *Vertrauen. Vertrauen zu sich selbst.*

Es ist wahr, daß ich Selbstvertrauen habe. Es ist wahr, daß ich, wenn ich beschlossen habe, etwas zu vollbringen, von einer Kraft besessen bin, die mich mit Entschiedenheit handeln läßt. Ich habe so viel Vertrauen, daß ich vorwärts gehe, und oft dränge ich die Hindernisse beiseite, und wenn andere auftauchen, die ich nicht vorhergesehen hatte, überwinde ich sie ebenfalls, so groß ist mein Vertrauen. Ich habe Vertrauen zu mir, und das ist meine Stärke. Ich habe Vertrauen zu den Worten, die ich schreibe, ich weiß, daß sie Sie berühren, daß sie Sie überzeugen können, daß sie Ihnen helfen, sich zu verwandeln: Ich habe *Vertrauen zu mir,* weil ich *Vertrauen zu Ihnen* habe. Man kann nicht das, was man von sich denkt, von dem, was man von den anderen denkt, trennen. *Man selbst ist aus allen Handlungen, allen Gedanken, allen Blicken, die man auf den andern richtet,* gemacht. Wenn Sie am andern zweifeln, können Sie kein Vertrauen zu sich selbst haben. Ich werde der Leserin von diesem Morgen antworten: Ihr Mangel an Vertrauen, woher kommt er? Zweifellos war Ihre erste Erfahrung ein Mißerfolg. Und ich verstehe, daß Sie, bevor Sie sich von neuem binden, sich befragen, daß Sie zögern. Aber Ihre Unruhe kommt von woanders her: Sie zweifeln an dem Mann, der mit Ihnen lebt. Sie fürchten, daß auch er sich entfernen, Sie enttäuschen könnte. Sie haben kein Vertrauen zu ihm, und Sie können kein Vertrauen zu sich selbst haben. Diese beiden Blickwinkel sind untrennbar. Sie werden ihm Ihr Vertrauen geben, wenn Sie Vertrauen zu sich selbst haben. Und Sie hätten Vertrauen zu sich selbst, wenn Sie Vertrauen zu ihm hätten.

Also wie diesen Kreis durchbrechen? *Wie Vertrauen zu sich haben?* Das ist *das wichtigste Geheimnis,* das, von dem Ihre Zukunft abhängt. Und Sie wissen es.

Denken Sie nach, erinnern Sie sich, vertrauen Sie sich selbst an. Sie erinnern sich? Eine Freundschaft haben sie verloren, weil Sie an sich zweifelten, an Ihrer Fähigkeit zur Freundschaft, und später haben Sie verstanden, daß man von Ihnen nur eine einzige Geste, ein Wort erwartete. Sie aber haben nicht reagiert, weil Sie *an sich selbst zweifelten.* Sie sagten sich: »Das ist nicht möglich, ich kann nicht.« Sie dachten: »Warum gerade ich?«

So haben Sie vielleicht auch einen interessanten Beruf versäumt. Als man Sie gefragt hat, haben Sie gezögert, weil Sie noch dachten: »Ich weiß nicht, ich könnte das nicht machen.« Und später haben Sie, als Sie nachdachten, begriffen, daß es nicht um Ihre Fähigkeit ging, daß Sie sehr gut diese Arbeit hätten machen können, daß Sie in der Tat nur *Angst* hatten, weil Sie kein *Vertrauen zu sich* hatten.

DER MANGEL AN SELBSTVERTRAUEN, DAS IST EIN KREBS.
Er nagt. Er zerstört allmählich alle Möglichkeiten. Manchmal ist es wenig, er hindert Sie daran, den Führerschein oder einen Ausflug zu machen. Er hindert Sie daran, den Beruf zu ändern. Aber das ist noch gar nichts. *Der Mangel an Selbstvertrauen ist die Schranke vor der Entfaltung, ist das Hindernis für das Glück.*
Denn Sie spüren in sich, daß Sie handeln könnten, daß Sie die Fähigkeiten dazu haben. Sie wissen, daß Sie Liebe erwecken könnten, daß Sie sich engagieren, wählen müßten. Und Sie zögern, Sie können nicht. Sie sind wie die, die vom Schwindel erfaßt sind, vor Ihnen ist der Steg mit einem Geländer. Sie könnten vorwärts gehen, ihn überqueren, sich am Geländer halten. Andere gehen vorbei, stoßen Sie an, und Sie stehen da, mit dieser *Angst* in sich selbst. Sie werden nicht darübergehen. Und wenn man Sie mitziehen will, schreien Sie vor Schrecken.
Das ist Mangel an *Selbstvertrauen.*
Diese sinnlose Furcht vor dem andern, vor dem, was neu ist! Und dazu kommt das Bedauern und die Verbitterung, die einmal, wenn Sie verzichtet haben, in Ihnen wohnen, an Ihnen *nagen.* Sie sagen: »Ich hätte gekonnt, ich hätte gesollt.« Das vergiftet Ihr Leben. Das schafft neue Hindernisse.
Denn es gibt ein grausames Gesetz des Lebens: Die Verhaltensweisen werden Gewohnheiten. Man hat Angst gehabt? Man hat es an Selbstvertrauen fehlen lassen? Man wird Angst haben. Man wird es an Selbstvertrauen

fehlen lassen, gerade weil es schon einmal vorgekommen ist. Und der Mangel an Selbstvertrauen verstärkt noch unseren Mangel an Vertrauen.

Ihr Leben ist allmählich reduziert. Sie verkriechen sich, Sie verlieren den Mut und wagen nichts mehr. Sie akzeptieren die Gegebenheiten. Und Sie begnügen sich damit, zu bedauern, sich an das zu erinnern, was möglich gewesen wäre, an das, was Sie hätten tun können. Es sind nicht mehr Sie, *der entscheidet*. Ihr Mangel an Vertrauen hindert Sie daran. Es sind *die Dinge, die anderen,* die an Ihrer Stelle entscheiden. Ihr Schicksal entzieht sich Ihnen, und Sie wissen es, und Sie leiden darunter. Denn – und das ist es, was Sie verwirrt und unglücklich macht – Sie wissen selbst, in Ihrem Herzen gibt es einen Reichtum, eine Kraft, die Sie nicht ans Tageslicht bringen können. Sie sind wie diese Schätze, die auf dem Grund der Seen versenkt ruhen. Und es ist Ihr *Mangel an Selbstvertrauen,* der Sie daran hindert, sie ans Tageslicht zu bringen.

Die anderen entscheiden, und sie entscheiden für sich, nicht für Sie. Sie aber leiden darunter, weil die Entscheidungen, die Ihnen auferlegt werden, nicht die sind, die Ihnen entsprechen, und Sie wissen es wohl. So nehmen Sie lustlos alles hin. Sie sind manchmal überschwemmt von Reue oder schlechter Laune. Aber Sie wagen nicht, den Kreis, in den Sie eingeschlossen sind, zu durchbrechen: Sie müßten *Selbstvertrauen* haben, glauben, daß Sie woanders, mit jemand anderem, in einem anderen Beruf wirkliche Befriedigung, die Möglichkeit, sich zu entfalten, finden können. Sie glauben nicht daran. Und Sie haben kein Selbstvertrauen. So *leiden* Sie. Vielleicht sind Sie selbst so, oder Sie kennen unter denen, die Sie lieben, Menschen, die von diesem unsichtbaren und tiefen Übel befallen sind: dem Mangel an Selbstvertrauen derer, von denen man sagt, daß sie doch glücklich sein müßten, daß sie alles haben, um glücklich zu sein, und die, wie man errät, dennoch sehnsuchtsvoll, unsicher sind, sich in ihrer Haut nicht wohl fühlen. Diese Menschen haben kein *Vertrauen zu sich selbst* gehabt, sie haben sich ihr *Leben diktieren lassen.*

Sie sind nicht die einzigen, die leiden. Um sie verbreitet sich Unbehagen. Sie lassen auch die anderen das *Vertrauen,* das sie hatten, verlieren. Der *Zweifel* gewinnt an Boden. Diese graue, traurige Atmosphäre – und Sie fragen sich, was die Ursache für dieses Klima ist – breitet sich aus. *Denn im psychischen Leben* gibt es wie im physischen *die Ansteckung.*

Der Mangel an Vertrauen ist ansteckend. Es ist eine Krankheit, die es zu bekämpfen gilt. Und wir werden sie, Sie mit mir zusammen, bekämpfen.

Aber zuerst, denken Sie nach:
Sie werden das Buch schließen,
sich erinnern,
sich fragen, ob, und wenn es
nur einmal wäre,
Sie es an Selbstvertrauen haben fehlen lassen.
Ermessen Sie die Folgen.

> Erleben Sie diesen Augenblick wieder.
> Seien Sie sich im klaren darüber,
> was er Sie gekostet hat.
> Das darf sich nicht wiederholen,
> SIE WERDEN JETZT
> SELBSTVERTRAUEN HABEN.
> Wiederholen Sie sich das.
> Schließen Sie das Buch.
> Meditieren Sie.

Sie werden *Selbstvertrauen* haben.

Warum?

Weil es notwendig ist. Und das ist schon, ich bin dessen sicher, ein ausreichender Grund.

Wenn Sie von der *Bedeutung des Selbstvertrauens* im privaten und im Berufsleben überzeugt sind – und ich habe Sie davon überzeugen wollen –, wissen Sie, daß es *notwendig ist.* Und *wenn es notwendig ist, müssen Sie.*

Das ist eine sehr einfache Logik. Aber sie ist wahr. Als der Tod mir auflauerte oder als ich in Versuchung war, mich ihm zu überlassen, wie man sich dem Schlaf überläßt, da ist das, was mich gerettet hat, was mir die Kraft gegeben hat, zu kämpfen, weiterzuleben, diese *Notwendigkeit,* diese *Verpflichtung* gewesen, dieses *Bedürfnis,* zu tun, was getan werden muß.

Kommen Sie, beginnen Sie damit, endlich davon *überzeugt* zu sein, daß ohne *Selbstvertrauen* nichts möglich sein wird. Weder die Liebe noch das persönliche Glück, weder Erfolg im Beruf noch das psychologische und affektive Gleichgewicht derer, die Sie umgeben. Dieses *Vertrauen* – das ist der *Mittelpunkt* Ihrer Person, von da strahlen Kraft und Freude für Sie selbst und für die anderen aus. Wenn Sie aber kein Vertrauen zu sich haben, sind Sie wie von Ketten beschwert, die Sie fesseln und die auch die niederdrücken, die Sie umgeben.

Sie werden Selbstvertrauen haben.

Warum?

Weil Sie in sich einen *Reichtum,* eine *Kraft* tragen, von deren Bedeutung Sie keine Ahnung hatten. Sie müssen nur diese Gewißheit, die unter dem Sand Ihrer Mißerfolge und Ihres Zögerns verschüttet ist, freilegen.

Das wissen Sie nur noch nicht. Sie haben es vergessen, oder Sie zweifeln daran. Sie müssen sich von Ihrem Reichtum und Ihrer Kraft überzeugen. Sie sind nicht anders als die anderen. Und vergessen Sie auch nicht, jeder Mensch ist so wie Sie.

Wenn andere Selbstvertrauen haben, können und müssen auch Sie Vertrauen zu sich selbst haben. Aber Achtung: *Sie dürfen nichts und niemanden imitieren.* An dieser Stelle müssen Sie über jedes meiner Worte nachdenken und sich selbst befragen. Sie müssen Ihre Vergangenheit wieder beleben: nicht aus Selbstgefälligkeit, sondern um sich selbst besser zu begreifen. Nur so vermögen Sie *sich zu verändern.* Sie dürfen nichts und niemanden nachahmen.

Denn es gibt ein Gesetz, ein Geheimnis im Geheimnis: *Sie haben nur dann Vertrauen zu sich, wenn Sie gemäß*

Ihrer eigenen Wahrheit handeln. Wenn Sie Ihren Reichtum an innerer Kraft nicht nutzen, wenn Sie sogar vergessen haben, daß es ihn gibt, wenn Sie sich selbst mißtrauen, so bedeutet das, daß Sie *sich selbst im Wege stehen.* Stellen Sie sich einen Mann vor mit zwei geschickten Händen, der, weil er im Land der Einarmigen lebt, sich entschließt, eine Hand abzuschneiden oder sie nicht zu benutzen. Dasselbe tun Sie, wenn Sie versuchen, die anderen nachzuahmen. *Wozu dient Ihnen Ihr innerer Reichtum, wenn Sie nur auf das schauen, was die anderen haben?* Wozu dienen Ihnen Ihre Hände, wenn Sie einarmig sein wollen?

Wenn Sie einarmig werden, dann können Sie ganz gewiß kein Vertrauen zu sich selbst haben. Denn Sie hatten ja zwei geschickte Hände, niemand hat Sie gezwungen, darauf zu verzichten. Wenn Sie dennoch darauf verzichtet haben, dann aus Selbstzweifel, aus Unwissenheit, aus Angst, etwas falsch zu machen. Und wenn Sie nun andere nachahmen, dann machen Sie es auch falsch.

Ihr Mangel an Selbstvertrauen kommt daher, daß Sie *Angst haben, Sie selbst zu sein.* Sie zweifeln an sich, Sie sind ohne Kraft, weil Sie nicht Sie selbst sein wollen.

Sie werden Selbstvertrauen aufbringen,
wenn Sie gemäß Ihrer eigenen Wahrheit handeln,
nach dem Gesetz Ihrer selbst.
SIE WERDEN VERTRAUEN
ZU SICH SELBST HABEN.

Es ist einfach notwendig, daß Sie nichts anderes sein wollen, als Sie sind. Wenn ich beispielsweise an Stelle dieses Buches hier einen psychologischen Roman schreiben wollte, würde ich vielleicht, weil mein Name bekannt ist und weil ich zwei andere erfolgreiche Bücher veröffentlicht habe, auch damit Erfolg haben. Der Verleger würde mein Manuskript akzeptieren, weil er sich sagt: »Es wird immer Leser geben, die wissen wollen, was Martin Gray schreibt.« Ich selbst aber? Ich wäre einarmig geworden. Ich hätte kein Vertrauen zu mir selbst. Was ich geschrieben hätte, wären nicht meine eigenen Worte, sondern Worte ohne Wahrheit. Mir fehlte *der Glaube an das, was ich tue.*

Denn es gibt ein anderes Geheimnis im Geheimnis: Um *Vertrauen in sich selbst* zu haben, muß man an das *glauben* und Vertrauen in das setzen, was man tut. Man muß das Gefühl haben, daß man damit sich selbst und den anderen etwas *Wahres* und *Dauerhaftes* bringt.

Als ich zusammen mit Max Gallo mein erstes Buch verfaßt habe, als wir beide zusammen nach den Worten suchten, die notwendig waren, um das auszudrücken, was ich sagen wollte, da war das natürlich nur möglich, weil ich, aber auch Max Gallo, an das glaubte, was wir machten. Ich wollte Zeugnis ablegen, und er war davon überzeugt, daß mein Zeugnis den Lesern von Nutzen sein werde, weil es von barbarischen Zeiten sprach, die nicht mehr wiederkehren dürfen, und weil dieses Zeugnis den Menschen Mut und Vertrauen in das Leben vermittelte.

Als ich, nach langen Gesprächen mit Frau Erikson, das Buch »Des Lebens Ruf an uns wird niemals enden« schrieb, da haben mir die Briefe, die ich nach Veröffentlichung meines ersten Buches erhalten hatte, *Vertrauen* geschenkt. Ich vertraute dem, was ich über den Sinn des Lebens schreiben mußte. Ich war davon überzeugt, daß in diesem Buch *meine Wahrheit* zum Ausdruck käme und daß sie denen, die es lesen, etwas Tiefes und Wahres bringen würde. Wenn ich heute damit fortfahre, nachdem ich lange nachgedacht, mich umgesehen, zugehört und gelernt habe, dann darum, weil ich mitteilen muß, was mir bedeutsam erscheint. Ich habe Vertrauen, weil ich an das, was ich tue, glaube, denn es ist meine Wahrheit. Ich könnte nicht so handeln, so schreiben, wenn ich mir selbst im Weg stünde oder wenn ich aus gewöhnlichen Motiven schriebe. Sie würden das spüren. Ich würde Ihr Vertrauen und also auch das Vertrauen zu mir selbst verlieren.

Entscheiden Sie sich für das, *was Ihrem innersten Selbst entspricht.* Mehr noch: Fragen Sie sich bei jedem Vorhaben: »Bin das wirklich ich, der das will?« Seien Sie *aufrichtig sich selbst gegenüber,* stellen Sie sich diese Frage. Es gibt Sie nur einmal, und *Sie haben etwas Einzigartiges auszudrücken:* in der Liebe zu einem anderen, in Ihrer Zuneigung zu Ihren Kindern, in Ihrem Beruf. Was immer Sie tun, sei es im Privatbereich oder im Berufsleben, *versuchen Sie, das auszudrücken, was nur Sie ausdrücken können.*
Auf diese Weise wächst Ihre Kraft, und Sie werden den

Reichtum, der in Ihnen ist, ans Tageslicht holen. Sie werden an das glauben, was Sie unternehmen, und werden also Vertrauen zu sich selbst erlangen. *Seien Sie Sie selbst und keine Imitation.*

Behalten Sie Ihre Hände. Versuchen Sie nicht, anders zu scheinen. Spielen Sie keine Rolle, die Ihnen andere Menschen oder die Gesellschaft auferlegen wollen. *Bringen Sie Ihr tiefstes Ich zum Ausdruck,* Sie wissen doch, daß es in Ihnen selbst liegt. Verbergen Sie es nicht. *Werden Sie frei* und befreien Sie die Energie und das Vertrauen, die in Ihnen schlummern.

> HANDELN SIE MIT NATÜRLICHKEIT
> UND WAHRHAFTIGKEIT
> GEMÄSS IHRER WAHRHEIT.
> Versuchen Sie nicht, eine Rolle zu spielen.
> Versuchen Sie nicht, sich zu verstellen.
> HABEN SIE VERTRAUEN,
> DANN WIRD MAN IHNEN
> VERTRAUEN ENTGEGENBRINGEN,
> UND SIE WERDEN
> VERTRAUEN ZU SICH SELBST HABEN.

Das ist das fünfte Geheimnis, von dem alles abhängt.

Aber man darf nicht alles und sofort wollen. Wer nach einer langen Krankheit wieder aufsteht, darf den Zeitraum der Genesung, in dem er langsam seine Kräfte wiedergewinnt, nicht überspringen. Selbstvertrauen ist der Schlüssel zu Ihrer Zukunft, wenn es Ihnen gefehlt hat, fällt es Ihnen nicht sofort in den Schoß. Sie müssen es sich erwerben. Dazu fällt mir ein Erlebnis ein. Ich hatte, als ich noch Antiquitätenhändler war und kurze Ferien in Frankreich verbrachte, ein Motorrad gekauft. Es war keine schwere Maschine, aber ich genoß es, den Fahrtwind im Gesicht zu spüren und die Landschaften und kleinen Straßen dieses Landes zu entdecken, das ich lieben lernte. Eines Tages am späten Nachmittag überfiel mich die Müdigkeit, und ich erinnere mich nur noch, daß ich während der Fahrt auf einer langen geraden Straße immerzu dachte: Schlaf nicht ein! Sicherlich sind mir die Augen nur für den Bruchteil einer Sekunde zugefallen. Aber das genügte, und ich erwachte in dem Moment, als das Motorrad gerade gegen eine Mauer stieß. Der Unfall war geringfügig, nur einige Kratzer und ein verbogenes Pedal. Aber am folgenden Tag, als ich wieder aufbrechen wollte, bemerkte ich zu meinem großen Erstaunen, daß ich nicht mehr kurvensicher fuhr. Ich war in Versuchung, zu stark zu bremsen, und einmal mußte ich das Motorrad anhalten, wie mir schien, wegen Gleichgewichtsstörungen. Nach und nach bin ich dann wieder schneller gefahren und habe so allmählich mein Selbstvertrauen wiedergewonnen.

Sie sind vielleicht wie ein Genesender, der wieder gehen lernt. *An jedem Tag entdecken Sie neu Ihre Kräfte, Ihre Möglichkeiten, jeden Tag gewinnen Sie mehr Selbstvertrauen.*

Zunächst muß man, das ist DAS ERSTE PRINZIP: SEINEN EIGENEN WILLEN STÄRKEN!

Sagen Sie nicht: Ich tue ja schon immer, was getan werden muß.

Sagen Sie nicht: Warum soll ich mir selbst Zwänge auferlegen?

Ihre Willenskraft muß lernen, sich zu regen, und Sie müssen lernen, ihr zu *entsprechen*. Was würden Sie von einem Auto halten, bei dem die Schaltung nicht funktioniert? Sie beschleunigen, und der Wagen bewegt sich nicht. Sie bremsen, er fährt weiter. Es kommt nicht so sehr auf die Geschwindigkeit an als darauf, daß die Mechanismen reagieren.

Erlegen Sie sich kleine Willensübungen auf.

Ich habe Sie gebeten, jeden Tag lange und tief zu atmen. Tun Sie das? Wandern Sie, so wie ich es Ihnen empfohlen habe? Machen Sie die Übungen, die Ihren Lebensbaum stützen sollen? Diese Übungen sind ja nicht nur körperliche Bewegungen, sie sind ein Mittel, Ihren Willen zu üben und zu stärken. Sie müssen sich nur zu einer *einfachen Übung* entschließen: Das ist wie der tägliche Test für Ihre Fähigkeit, auf Befehl Ihres Willens in Bewegung zu kommen, das heißt, einer Notwendigkeit zu gehorchen, die Sie selbst bestimmt haben. Diese Übung überlasse ich Ihrer freien Wahl.

Einer meiner Freunde, ein Maler, nahm sich vor, jeden Morgen, bevor er sich vor seine Staffelei setzte, ans Meer zu gehen und einen Kieselstein hineinzuwerfen, ganz gleich bei welchem Wetter, ganz gleich auch, welche anderen Aufgaben auf ihn warten mochten. Sie zum Beispiel könnten sich vornehmen, jeden Tag zu einer bestimmten Stunde eine Seite zu lesen – warum nicht gerade eine Seite dieses Buches, das doch das Ihrige ist? Oder Sie entschließen sich, täglich einen Gang um Ihren Wohnblock zu machen. Ganz gleich, wozu Sie sich entschlossen haben – Sie müssen diese Handlung jeden Tag wiederholen, wie nach einem Befehl, den Sie sich selbst täglich geben. Es kommt der Tag, wo Ihre Willenskraft und Festigkeit auf die Probe gestellt werden. Was dann von Ihnen gefordert wird, werden Sie leisten können, denn Sie sind es gewöhnt, Ihren Willen zu benutzen. Er hat sich Tag für Tag durch die Wiederholung der Übungen, die Ihnen vielleicht unbedeutend erschienen, gefestigt. Zu wissen, daß Sie auf sich zählen können, daß Sie fähig sind zu reagieren, wird Ihnen *Vertrauen zu sich selbst* geben.

Ich erinnere mich an eines meiner Kinder. Seinen Namen will ich nicht mehr nennen. Es ist einfach eines der meinen, es gehört zum Schönsten und Kostbarsten, was ich besessen und dann verloren habe und wovon mir nichts blieb als das Gefühl des Verlustes. Deswegen spreche ich zu Ihnen, deswegen muß ich wissen, daß Sie zuhören, daß meine Worte in Ihr Herz dringen und Sie mir und sich selbst antworten werden. Meine Worte sollen in Ihnen ändern, was Sie nicht befriedigt. Antworten Sie mir, antworten Sie mit Ihrem tiefsten Innern, antworten Sie sich selbst: auf alle die Fragen, die Sie unterdrücken und die doch nicht sich beschwichtigen lassen. Wagen Sie es, sie mit lauter Stimme auszusprechen, damit Sie sich befreien und entfalten.

Ich erinnere mich an eines meiner Kinder. Dina brachte ihm bei, im klaren Wasser zu schwimmen, gegen zwei Uhr nachmittags, wenn die Strände weniger voll sind. Es war die Stunde, zu der wir gewöhnlich badeten. Ich sah den beiden bewegten Herzens zu: Dina war geduldig, mein Kind ein wenig zögernd und ängstlich. Es hatte die Arme ausgestreckt, und sie zog es, seine kleinen Hände um die ihren geklammert. Es schwamm nicht sehr sicher, trotzdem ließ sie es los, zwang es, jeden Tag einige Zentimeter mehr allein zu schwimmen. Allmählich gewann es Abstand von Dina, gewann Vertrauen zu sich selbst und schwamm schließlich eines Tages davon.

Sie sind ein solches Kind, das nach und nach schwimmen lernt. Gewinnen Sie – wie das Kind – jeden Tag einige Armlängen mehr, schwimmen Sie zu sich selbst hin. Machen Sie die Körperübungen, die dem Baum Ihres Lebens die notwendige Kraft geben, Sie zu unterstützen.

Verlieren Sie nie den Kopf vor einer Aufgabe, die Sie beunruhigt, weil Sie sie für zu schwer halten. Nur für den, der nicht schwimmen kann, grenzt das freie Schwimmen an ein Wunder. *Sie aber haben Vertrauen zu sich selbst.*

Also verlieren Sie nicht den Kopf. Appellieren Sie an Ihren Willen. BEHALTEN SIE DIE BEHERRSCHUNG ÜBER SICH SELBST – DAS IST DAS ZWEITE PRINZIP.

Es gibt keine Aufgabe, die man nicht unterteilen könnte. Meinen Sie, ich hätte es für möglich gehalten, daß dieser Haufen Steine vor meinem Haus, aus dem ich eine Mauer bauen sollte, jemals verschwinden werde, daß ich es schaffen würde, dieses Chaos in Ordnung zu verwandeln? Und doch ist das möglich geworden, weil ich mit einem Stein, einem einzigen Stein, anfing.

DRITTES PRINZIP: Sie müssen lernen, DAS, WAS SIE VORHABEN, IN ANGRIFF ZU NEHMEN UND IN EINZELNE SCHRITTE AUFZUTEILEN, WAS SIE ALS GANZES BEUNRUHIGT. Ich war auch unruhig, als ich dieses Buch begann. Aber zu gleicher Zeit hatte ich Vertrauen zu mir, denn ich wollte – *wollen,* das ist es, was man Ihnen beibringen muß – es auf jeden Fall schreiben. Man muß sich selbst zureden, um sich anzustacheln. Man muß sich selbst zureden und mit denen sprechen, die man liebt. Zu Beginn wußte ich nicht, wie ich die Ideen organisieren sollte, die in Menge kamen. Ich habe Dutzende von Büchern gelesen, auch solche, die ich vor Jahren studiert hatte, als ich beschlossen hatte, zusammen mit meiner Familie eine natürliche Lebensmethode anzuwenden. Damals habe ich zahlreiche Bücher über Medizin und Ernährungswissenschaft gekauft. Auch wollte ich selbst meiner Frau Geburtshilfe leisten, damit ich der erste sei – und sie wollte das auch so –, der das lebendige Wesen, das wir beide geschaffen hatten, in die Hände nehme. Alle diese Bücher habe ich wieder gelesen, damit ich das, was ich damals begriffen habe, an Sie, die Sie mein Buch lesen, weitergeben kann. Ich habe lange über den Inhalt östlicher Weisheitsbücher nachgedacht, und ich bin Männern und Frauen verschiedenster Glaubensrichtungen begegnet, die mir von ihrem Glauben und den Regeln ihres Lebens erzählt haben. Ich habe viel gelesen, ich habe Begegnungen und Gespräche gehabt, ich habe nachgedacht.

Aber ich war unruhig. Wie sollte ich das alles in ein Buch bringen? Wie sollte ich das Buch aufbauen, damit es auch das Ihre werde und es Ihnen helfe? Schließlich habe ich ganz einfach angefangen. Ich begann die Worte zu finden, eins nach dem anderen, und indem ich meiner Stimme lauschte, wurde mein Vertrauen immer größer.

SELBSTVERTRAUEN ZU GEWINNEN
ist eine Frage des Willens.
MAN MUSS ANFANGEN.
Zu Beginn macht man
einen ersten einfachen Schritt,
ohne Ehrgeiz,
einen bescheidenen Schritt,
von dem man weiß, daß man dazu fähig ist;
dann macht man den nächsten Schritt,
und alle anderen schließen sich an.

Blicken Sie zurück, betrachten Sie den zurückgelegten Weg, den Sie Schritt für Schritt gemacht haben. Das wird Ihnen *Vertrauen* geben. Sie werden einen Schritt weitergehen, immer noch einen Schritt. Auch eine Mauer baut man so, Stein für Stein.

Auch dieses Buch habe ich so geschrieben, Satz für Satz.

Und Sie selbst? Sie sollen doch Sie selbst werden. Es muß Ihnen gelingen, sich *einzuprägen,* was Sie in sich tragen: Ihre Träume, Ihre Erinnerungen, diese einzigartige und schöne Kraft, die in Ihnen liegt.

Haben Sie Vertrauen zu sich selbst.

Sie können es, Sie müssen es.

Sagen Sie nicht: Es ist zu spät.

Sagen Sie nicht: Es ist zu früh.

Jeden Tag muß eine Stufe überwunden werden. Ich spreche nicht vom gewöhnlichen Ehrgeiz, der sich in der sinnlosen Jagd nach Reichtum, Ruhm und Macht über andere Menschen erschöpft. Darüber habe ich in meinem Buch »Des Lebens Ruf an uns wird niemals enden« aus eigener Erfahrung gesprochen: von den Abgründen, in die der Mensch fällt. Sie müssen den Ehrgeiz haben, sich zu entfalten. Sie wissen doch nun schon viel besser, was in Ihnen liegt, was Ihr Körper braucht, was Sie von sich, von Ihrem Willen fordern können, um glücklicher zu sein. Auch haben Sie schon in Ihrem Leben dieses Gefühl der Leichtigkeit empfunden, das die Freude schenkt, die Freude, etwas zu vollbringen, die Freude, die Welt und die anderen Menschen zu lieben. Ein Sonnenuntergang kann Sie glücklich machen. Ihr Kind schläft ein, und seine Ruhe ist so vollkommen, daß Sie fast vor Freude weinen.

Ein Mensch, den Sie lieben, kommt Ihnen entgegen, und Sie lesen in seinen Augen die Wiedersehensfreude, und es weitet Ihnen die Brust, als ob die ganze Welt in Sie eindringen wollte. Dieses Glück eines einzigen Augenblicks können Sie verlängern. Sie können jeden Tag diese Leichtigkeit, dieses Gefühl von Freiheit empfinden.

> Seien Sie Sie selbst.
> Ahmen Sie nichts und niemanden nach.
> Seien Sie wahrhaftig.
> Drücken Sie sich aus.
> Tun Sie etwas, fangen Sie an.
> Haben Sie Vertrauen zu sich selbst.
> Zwingen Sie sich zu handeln,
> und das Vertrauen stellt sich ein.

Haben Sie sich für etwas *entschieden,* was Sie jeden Tag tun wollen, um Ihren Willen zu üben?
Machen Sie die elementaren Körperübungen, von denen Sie wissen, daß sie Ihnen gut tun?
Lassen Sie sich von denen helfen, die Sie lieben?
Lassen Sie dieses Buch auch andere lesen. Sie werden dann *einen gemeinsamen Plan* haben. Sie werden den Willen, Ihr Leben zu ändern, mit anderen teilen, auch Ihre Schwierigkeiten und Fehler. Sie werden Ihren Willen und Ihr Vertrauen *mit anderen teilen.*
ABER TEILEN HEISST VERVIELFACHEN.

Sie selbst, Ihre Gedanken, Ihre Träume, Ihr Leben, IHR BUCH

Vertrauen Sie sich selbst. Und dann teilen Sie, tauschen Sie Ihre Träume, Ihre Gedanken aus. Schreiben gibt Ihnen VERTRAUEN. Das Schreiben trainiert Ihre WILLENS-KRAFT. Schon das erste Wort, das Sie niederschreiben, ist eine Tat. SIE BEGINNEN. Schauen Sie nach, was Sie seit Beginn dieses Buches geschrieben haben. Wenn es jedesmal auch nur ein Wort war, so macht deren Summe doch schon einen Satz aus. Wenn Sie noch nichts geschrieben haben, beginnen Sie jetzt. Beginnen Sie!

Dritter Teil

Sie werden sich entfalten

11. Die wohltuende Kraft Ihrer psychischen Energie

Ich habe es gelernt, und schon vor langer Zeit, daß der Mensch Kräfte in sich birgt, die er nicht kennt, Hilfsmittel, die er vor sich selbst versteckt. Ich erinnere mich an die Kriegszeit, wo wir in wenigen Tagen aus Glück und Sicherheit in Unglück und Höllenqualen gestürzt wurden. Wenn wir uns an entlegenen Orten mit meinem Vater trafen, sagte er manchmal zu mir: »Betrachte dir die Menschen, Martin, schau sie dir genau an, sie wissen oft selbst nicht, zu was sie fähig sind.« Den Sinn dieser Worte habe ich erst nach und nach, während der Kriegstragödie, begriffen. Ich habe das Mädchen gesehen, das sein Leben einsetzte gegen die Panzer, und ich habe den Mann, der für heilig galt, die Seinen für ein Stück Brot verkaufen sehen. Viele Jahre später habe ich das Unglück erfahren, das mich einsam gemacht hat. Und ich hätte niemals geglaubt, daß das Leben in mir stärker sein würde, daß es mir, verwundet wie ich war, gelingen würde, weiterzuleben, ja sogar einen neuen Weg zu finden. Ganz gewiß verdanke ich sehr viel meinen Lesern, Ihnen, die Sie mich mit Ihren Briefen und Gedanken so oft unterstützt haben, wenn ich nahe daran war, aufzugeben. Sie haben mich durch diese Freundschaftskette, die sich zwischen uns gebildet hat, daran gehindert, den richtigen Weg zu verfehlen. Sie haben mir die Kräfte, die in mir selbst lagen, offenbart.
Zwar glaubte ich mich gut zu kennen nach all den Jahren des Kampfes, der Flucht, nach einem langen Leben in verschiedensten Ländern. Aber wer kennt jemals genau genug die Kräfte, die in ihm sind?

Ich möchte Ihnen gerne helfen, *Ihre inneren Kräfte zu entdecken.* Diese Kräfte werden Ihnen die Möglichkeit geben, standzuhalten und sich zu *entfalten.* Sie werden aber auch erkennen, daß es Kräfte gibt, die Sie manchmal in Zorn und Verzweiflung stürzen.

Sie kennen doch diese abendlichen oder morgendlichen Stunden, in denen man dem bevorstehenden nächsten langen Arbeitstag entgegensieht und in denen einen trotz aller Versuche, sich selbst gut zuzureden, zuerst eine ungewisse Traurigkeit und dann Verzweiflung überkommt. Sie sind in Ihren Bewegungen gehemmt, als ob ein schweres Gewicht in Ihnen Sie aufhielte. Sie sind traurig, aber Sie wissen eigentlich nicht warum. Sie denken an die Vergangenheit, die Zukunft erscheint Ihnen ungewiß, es scheint Ihnen, als hätten Sie den Sinn Ihres Lebens verloren und wüßten nicht mehr, *warum Sie überhaupt leben* sollen.

Ich habe, genau wie Sie, diese Augenblicke gekannt. Und aus vielen Briefen, die ich erhalte, spricht diese Schwierigkeit, die manch einer hat, immer wieder aufzustehen, immer wieder zu arbeiten, den Problemen, die sich ankündigen, ins Gesicht zu sehen: einer Krankheit, einer schwierigen Aufgabe, einer gleichgültigen Umgebung. So schwierig auch ein Neuanfang sein mag, ich sage Ihnen: *Es sind Kräfte in Ihnen,* die Sie kontrollieren müssen; *Sie müssen sie nutzen,* um den Ängsten zu entgehen und sich zu entfalten.

Zunächst *die Angst* – wir kennen sie alle. Sie ist da, in der Magengrube, zuerst leicht, und dann schwillt sie an. Um sie zu verjagen, werden Sie heftig zu den Menschen Ihrer Umgebung, als ob der Zorn etwas über die Angst vermöchte. Oder aber Sie bleiben unbeweglich und schweigsam, als ob die Angst sich dadurch besänftigte, verschwände.

Doch auf diese Weise wird es Ihnen nicht gelingen, die unsichtbare Gefährtin, die Sie zu verschlingen droht, zu beherrschen. *Sie müssen es wagen, ihr ins Angesicht zu schauen.* Denn Sie haben, was Sie vielleicht nicht wissen, Ihre Angst unter einer Maske verborgen. Vielleicht sagen Sie sich: »Ich fürchte, ich werde zu dick!«, und das ängstigt Sie, zerstört Ihr ganzes Leben. Sie wollen nicht mehr mit Ihren Freunden ausgehen, Sie weisen die Einladungen zurück. Sie wiegen sich und fragen sich unablässig: »Bin ich dicker geworden? Habe ich zuviel gegessen?« Oder aber Sie glauben das Gegenteil, Sie fürchten abzumagern.

Aber das ist nicht das wahre Gesicht Ihrer Angst: In Wahrheit haben Sie Angst vor der Zukunft. Sie haben Angst vor der vergehenden Zeit, vor den Veränderungen, denen Ihr Körper unterworfen ist. Und Sie haben *Angst vor dem Blick der anderen,* Angst, niemand zu finden, der Ihr Leben teilt, oder den zu verlieren, den Sie lieben. Ihre Angst, die wahre und tiefe Angst, verbirgt sich unter so unwichtigen Fragen wie: Bin ich dicker, bin ich dünner geworden?

SEHEN SIE IHRER ANGST INS GESICHT!

Haben Sie den Mut, sich einzugestehen, was Ihnen in tiefster Seele wirklich Angst macht. Es ist Ihnen nicht unbekannt. *Jeder weiß im Grund seiner selbst sehr gut, wovor er Angst hat.* Zunächst müssen Sie Ihren vielen kleinen Ängsten die Masken abreißen, Sie müssen zur eigentlichen Ursache gelangen und das benennen, was Sie beunruhigt. *Wagen Sie zu sprechen,* denn sprechen ist der erste Schritt. Wenn Sie mit lauter Stimme die Worte aussprechen, die Ihnen Angst machen, dann wird Ihnen klar, daß es sich nur um Worte handelt. Wenn Sie beim Namen nennen, was Sie beunruhigt, dann können Sie es zweifellos *besser beherrschen.*

WOVOR HABEN SIE ANGST?
Was befürchten Sie?
Lesen Sie nicht gleich weiter.
Fragen Sie sich selbst.
Demaskieren Sie Ihre Ängste.
Sehen Sie Ihrer wirklichen Angst ins Gesicht.
Nennen Sie sie beim Namen.
Fragen Sie sich:
WOVOR HABE ICH ANGST?

Die Antwort wird nicht einfach sein, aber Sie müssen wieder beginnen, diese Frage zu stellen, damit Sie *die Wurzeln Ihrer Angst und ihr wahres Gesicht* erkennen. Solange Sie die Angst nicht beim Namen genannt haben, wird sie wie ein mächtiger Magnet sein, der die Kräfte, das Vermögen und die Energien, die in Ihnen sind, an sich zieht. Sie ist deshalb so stark, weil Ihre psychische Energie, die Ihnen die Möglichkeit geben könnte, sich kreativ zu entfalten, von Ihrer Angst absorbiert wird, von ihr umgewandelt wird in eine *negative Energie, die in Ihnen bleibt und Sie verzehrt, anstatt aus Ihnen auszustrahlen,* um Ihre Umgebung zu verändern, um Ihre Beziehungen zu anderen Menschen zu verbessern, Sie zu lieben und Ihnen zu helfen.

Wovor haben Sie Angst?

Stellen Sie sich diese Frage unablässig, auch im Blick auf Ihre Vergangenheit.

Von Beginn dieses Buches an, das wir zusammen schreiben, Sie und ich, habe ich verlangt, daß Sie *Ihre Vergangenheit wieder entdecken,* daß Sie unablässig danach fragen und daß Sie etwas davon auf den weißen Seiten, die ich Ihnen am Ende jedes Kapitels anbiete, aufschreiben. Ich habe Sie auch deshalb darum gebeten, weil häufig *die Wurzeln Ihrer Angst in Ihrer Vergangenheit* zu suchen sind. *Ihre Angst ist vielleicht nur ein Erbteil.* Wer kann das herausfinden, wenn nicht Sie selbst? Und wie sollen Sie es, wenn die Angst Sie stärker ergreift, herausfinden, wenn Sie nicht versuchen, ihre lange zurückliegenden Ursachen zu ergründen?

Ihr Innenleben ist ein Labyrinth, und Sie müssen, wollen Sie den Ausgang finden, es erforschen. Die Sage berichtet, wie Sie sich erinnern, daß es im Zentrum des Labyrinths ein Ungeheuer gibt, einen Minotaurus. Jedes Jahr

fordert er als Opfer junge Leute, die er verschlingt. Alle
die, die ihn haben töten wollen, sind im Labyrinth umgekommen, endlose Zeit umherirrend; ohne den Ausgang
zu finden, sind sie schließlich dem Minotaurus zum Opfer
gefallen. Eines Tages ist Theseus gekommen. Ariadne
hatte ihm einen langen Faden am Handgelenk befestigt,
dessen äußerstes Ende sie festhielt, und weil sie außerhalb des Labyrinths blieb, konnte Theseus sich orientieren und die Freiheit wieder finden.

Die alten Sagen sprechen oft eine tiefe Wahrheit aus. Sich
selbst gegenüber sind *Sie* das verschlingende Tier. Sie
werden von ihm verschlungen, wenn es Ihnen nicht gelingt, die Geheimnisse des Labyrinths zu erkennen. Dieses Buch kann für Sie *der Ariadne-Faden* sein. Erforschen
Sie Ihre Vergangenheit.

Es ist natürlich nicht so einfach, wie Sie sich das vorstellen. Sie haben allzuoft nur die Oberfläche der Ereignisse
gestreift. Sie haben die Menschen, die Sie liebten und von
denen Sie geliebt wurden, nicht wirklich gekannt, Sie
haben sich auf deren Leben, auf deren fragende Blicke
nicht intensiv genug eingestellt. Die Fragen, die sie Ihnen
stellten, ihre Rufe – und manchmal Hilferufe – haben Sie
sie überhaupt gehört? Wie schnell sind Sie an ihnen
vorbeigegangen! Aber diese Ereignisse, diese Menschen
haben Sie geprägt. Sie sind in Ihnen wie die Spur alter
Ackerfurchen, die man manchmal findet, wenn man im
Flugzeug die Provinzen alter Länder überfliegt und sich
klar darüber wird, daß die Bauern seit Jahrhunderten
ohne es zu wissen, der alten Linienführung folgen.

Sie tragen diese Spuren in sich, ohne sich Rechenschaft darüber abzulegen. Und es spielt keine Rolle, ob Sie noch jung sind, oder ob Ihr Leben schon eine lange Spur hinterlassen hat.

ERFORSCHEN SIE IHRE VERGANGENHEIT!

Ermessen Sie als erstes den Einfluß, den Ihre Eltern auf Sie gehabt haben. Begnügen Sie sich nicht damit, zu sagen: »Meine Mutter ist immer guter Laune, sie spricht offen mit mir.« Oder auch: »Mein Vater war ein Mann ohne Probleme, ich erinnere mich an ihn.«
Erforschen Sie auch das Leben Ihrer Eltern, versuchen Sie sie wirklich zu verstehen, damit Sie sich selbst verstehen. Ihre Ängste und Befürchtungen sind vielleicht die Ihrer Eltern, die sie Ihnen vererbt haben wie die Farbe Ihrer Haare. Vielleicht haben Ihre Eltern Sie, ohne es zu wollen und ohne daß Sie sich dessen bewußt sind, mit Wünschen beladen, die sie sich selbst nicht erfüllen konnten. Sie wollen, ohne daß es ihnen wirklich bewußt ist, daß Sie als ihr Kind verwirklichen, was sie selbst unterdrückt haben. Das ändert nichts an ihrer Liebe zu Ihnen, auch nicht an der, die Sie Ihren Eltern schulden – aber Sie geraten dadurch auf einen Weg, der nur die Verlängerung dessen ist, den Ihre Eltern eingeschlagen haben oder den zu gehen sie sich erträumten. *Sie aber müssen ganz Sie selbst sein.*
Es ist notwendig, daß Sie sich dieser Last überkommener Ängste entledigen. Sie müssen begreifen, *woher Sie kom-*

men und wie Sie geprägt worden sind – nicht nur äußerlich, sondern auch, was viel wichtiger ist, in Ihrem Innern.

Solange Sie die Wurzeln Ihrer Angst nicht erkennen, Ihrer Angst, die sich auf unbegreifliche Weise in Ihnen windet, so lange können Sie sich nicht *entfalten*. Vielleicht haben die, von denen Sie geliebt worden sind, von denen Sie zu dem gemacht worden sind, was Sie sind, die ersten Hände und Stimmen, die Ihren Lebensgang und Charakter beeinflußt haben, in Ihnen finstere Zwänge entstehen lassen, ohne es zu wollen. Auf Ihnen lastet, wer weiß, der Mißerfolg derer, die Sie liebten.

Erforschen Sie Ihr Leben, um es zu verstehen, um sich selbst zu verstehen.

Vor einigen Monaten habe ich einen Jugendlichen mit der Statur eines Athleten getroffen: offenes Lächeln, sportliche Haltung, lebhafte Bewegungen, die den schnellen und entschlossenen Mann verrieten, der in ihm steckte. Aber als ich mit ihm sprach, spürte ich in seiner Stimme ein Zögern. Er begann seine Sätze klar und präzise, aber je länger er sprach, desto mehr zerstörten die folgenden Worte die ersten, und am Ende wußte man nicht, was er wollte. Ich hatte den Eindruck, eine Marionette vor mir zu haben, der man Bewegungsfreiheit läßt und die man plötzlich zurückzieht, oder schlimmer noch: einen Hund, an langer Leine, dem man erlaubt zu rennen, um ihn dann plötzlich mit einem harten Ruck zu stoppen und zur Umkehr zu zwingen. Später habe ich die Mutter des jungen Mannes gesehen. Sie war schön, aber aus ihren Augen sprach die Trauer über ein ungelebtes Leben. Noch später bin ich dem Vater begegnet. Er war unsicher und untertänig, seiner Stimme hörte man die Unschlüssigkeit eines Mannes an, der meint, es sei ihm nicht gelungen, so zu leben, wie er es hätte müssen, um von seiner Frau als Sieger betrachtet zu werden. Sie liebten ihren Sohn abgöttisch, und dennoch genügte es, diese drei beieinander zu sehen, um zu erraten, daß die Eltern die junge Kraft, die sie zur Welt gebracht hatten und auf die sie so stolz waren, mit psychologischen Problemen beladen hatten. Sie hatten ihren Sohn gebunden wie die Zwerge, die Gulliver Fesseln anlegen.

Die Stricke sind unsichtbar, da sie in uns sind; aber man muß sie erkennen und sich von ihnen frei machen, sonst läuft man Gefahr, unfertig und unvollkommen zu bleiben.

SIE MÜSSEN SICH SELBST ENTFALTEN WOLLEN!

Wenn Sie zurückgeblickt haben, wenn Sie das Leben Ihrer Eltern und Verwandten begreifen, wenn Sie entdecken konnten, welches Erbteil Sie in sich tragen, wenn Sie in sich identifizieren können, was nicht Sie selbst, sondern Ihre Eltern sind, dann können Sie wirklich Sie selbst werden und *die Ihnen innewohnende psychische Energie zu Ihrem Vorteil nützen.*

Diese Energie ist nicht unerschöpflich, und sie verwandelt sich in eine negative Kraft, wenn Sie Verhaltensweisen wiederholen, die nicht die Ihren sind, wenn Sie, statt aufzubauen, zerstören. Sie dürfen sich nicht darin verlieren, immer nur auf die anderen zu schauen und ewig zu wiederholen, diese anderen hätten mehr Glück, seien geschickter, intelligenter und mehr bevorzugt. Ich habe so viele Leute gekannt, die von dieser psychologischen Krankheit befallen waren. Wenn Sie Ihr Leben nur der Vergangenheit zugewandt verbringen oder sich unablässig mit Ihren Nachbarn und Freunden vergleichen, dann werden Sie es verlieren.

Ich hatte einen Freund, der immer, wenn ich ihn traf, von den neuesten Marotten seines Hausmeisters erzählte. Das war ein Mann von kaum sechzig Jahren, der sehr zurückgezogen lebte und jedesmal, wenn mein Freund ihm begegnete, den Satz wiederholte: »Ich hasse sie alle!« Alle: nämlich alle anderen. Es ist das Extrembeispiel einer psychischen Energie, die sich im Morast der Rivalitäten mit anderen verbraucht. Andere wiederum vergeuden ihre psychische Energie in der Trauer um eine längst verschwundene Vergangenheit. *Sie drehen sich um das, was sie nicht haben vollbringen können,* wie Tiere, die man mitten im Hof an einen Pfosten festgebunden hat. Sie sind voller Kraft, aber *sie gehen im Kreis.* Sie können von der Achse, an die sie gefesselt sind, nicht loskommen. Sie wissen nichts von der Freude des freien Laufs in Feldern und Wäldern.

Andere erschöpfen ihre psychische Energie in der *Wiederholung:* Sie beginnen ohne Ende aufs neue. Sie haben sich in etwas verbissen, aber was sie tun, kommt nicht aus der Tiefe ihres Innern, sondern wird von der Mode diktiert oder sonstigen Einflüssen von außen. Sie fangen etwas an, aber weil sie nicht von einer wirklichen persönlichen Kraft getrieben sind, geben sie rasch auf und beginnen immer wieder von vorn. Eines Tages merken sie, daß es der falsche Weg war. Sie gleichen den Männern und Frauen, die immer nach einer noch größeren Liebe suchen als die, die sie leben, sie sind wie Don Juan, sie glauben, morgen eine noch stärkere Leidenschaft zu finden. Dabei brauchten sie, um das Glück zu erreichen, nur die Liebe wirklich zu wollen und zu festigen, die sie erleben. Aber sie verschleudern ihre psychische Energie in nutzlosen Bestrebungen. Wieder andere ergeben sich der Selbstzufriedenheit, und ihre psychische Energie erzeugt nichts als Hochmut. So verliert sie alle Kraft. Was Sie also vermeiden müssen ist folgendes: Wiederholung, nutzlose Reue, passive Selbstgenügsamkeit, Rivalität, Haß, Eifersucht, Neid.

SEIEN SIE SIE SELBST.
Stellen Sie Ihre psychische Energie
in Ihren Dienst.
Bahnen Sie sich mit Geradlinigkeit Ihren Weg.
ORIENTIEREN SIE IHRE
PSYCHISCHE ENERGIE POSITIV.

Sagen Sie nicht: Das kann ich nicht, davon verstehe ich nichts. Sagen Sie nicht: Das geht mich nichts an.

Sie können, wenn Sie nur wollen. Und Sie müssen immer auf eine gesunde Orientierung Ihrer psychischen Energie bedacht sein. Es ist so leicht, sie zu verlieren. Aber wie wollen Sie dann handeln? *Man selber sein* – da Sie zu diesem Punkt unseres Buches gekommen sind, wissen Sie, daß man darauf achten muß, *sich auf sich selbst zu konzentrieren*. Nicht um sich einzuschließen! Der Egoismus ist ein Gefängnis, das auf Sand gebaut ist, und Ihre psychische Energie würde sich dort verlieren wie das klare Wasser in den Dünen der Wüste. Sich zu konzentrieren, das bedeutet, sich auf *die Substanz dessen zu besinnen, was in einem ist*. Es bedeutet, die Ketten der Vergangenheit abzuwerfen, ein eigenes Gesicht zu bekommen und einen eigenen Weg zu verfolgen.

Sie sind dazu fähig! Aber Sie müssen Ihre psychische Energie auf diese Aufgabe richten.

Lassen Sie sich nicht ablenken. Ich habe es Ihnen schon gesagt: *Sie müssen wissen, was Sie wollen.* Aber man muß es auf Dauer wollen, Tag für Tag auf das Positive gerichtet.

Geben Sie Ihre negativen Haltungen auf. Lassen Sie nicht zu, daß diese sinnlosen Worte, die Sie vergiften, in Ihnen entstehen: »Ich werde keinen Erfolg haben. Ich bin nicht stark genug. Ich bin nicht schön. Er liebt mich nicht. Nie werde ich erreichen, was ich begehre.«

Solche Worte und Gedanken *verzehren Ihre psychische Energie*. Sie werden dadurch *in einem negativen Kreis gefangengehalten*. Und im Mittelpunkt dieses Kreises kämpfen Sie mit Ihren eigenen Zweifeln und Fragen. Sie benutzen Ihre Energie dazu, sich selbst zu fesseln und zu schwächen, anstatt sich *nach vorwärts* zu werfen, auf die Welt hin, in die Sie eintreten müssen, wenn Sie sich oder sie verändern wollen. Ihre Gedanken sollen nicht um Sie selbst kreisen, sondern Ihre Anstrengungen unterstützen. IHRE PSYCHISCHE ENERGIE BRAUCHT IHR VERTRAUEN. Auf keinen Fall dürfen Sie mit einer Hand zerstören, was Sie mit der anderen aufzubauen versuchen.

Sehen Sie, jetzt, wo schon viele Jahre hinter mir liegen, wo ich mein eigenes Leben erforschen kann, in dem es soviel Unglück gegeben hat, weil es von soviel Unerwartetem durchkreuzt wurde, weiß ich, daß eine meiner Kräfte das Vertrauen ist, *die Wette auf mich selbst, auf die Zukunft, auf die anderen.* Daß ich von meiner psychischen Energie niemals abgeschnitten war, verdanke ich meinem Vater, der mir von den ersten Jahren an, während schon der Krieg unser Leben überschattete, Vertrauen gegeben hat.

Als ich zum ersten Mal die Grenze der todgeweihten Stadt, in der ich eingeschlossen war, gegen das Verbot der Henker überschritt, hat ein Mann, der zu den Feinden gehörte, mich gesehen und geschwiegen. Auch ihm, diesem feindlichen Soldaten, diesem unbekannten Bruder, verdanke ich es, daß ich lebe. Ich hatte *Vertrauen* gehabt und aus diesem Vertrauen gehandelt. Ihre psychische Energie kann sich nur entfalten, *wenn Sie handeln.* Das wiederhole ich Ihnen, seitdem Sie und ich uns auf jeder Seite dieses Buches begegnen.

Handeln Sie. Irgend etwas geht nicht? Beklagen Sie sich nicht. Suchen Sie nach Abhilfe und beginnen Sie zu ändern, was nicht geht. Man muß und kann nicht alles mit einem Schlag ändern. Aber Sie müssen *es ändern wollen* und deshalb damit *anfangen*.

So verlassen Sie den Teufelskreis. *So befreien Sie Ihre psychische Energie.* Sie werden Kräfte freisetzen, von denen Sie selbst nicht wissen, daß sie in Ihnen sind, wie das Wasser, das hinter einer Sperrmauer festgehalten ist und plötzlich hervorschießt und Energie spendet.

Raffen Sie sich auf. Beginnen Sie zu handeln.
Jeder Mann, jede Frau
besitzt eine ungeheure psychische Energie.
Jeder Mann, jede Frau
hat ungeheure Kraftreserven.
FASSEN SIE VERTRAUEN.
BRINGEN SIE IHRE HOFFNUNGEN
ZUM AUSDRUCK.
Ihre Hoffnung wird Sie vorwärts tragen
und die Schleusentore öffnen
FÜR IHRE PSYCHISCHE ENERGIE,
DIE ENERGIE, DIE SIE WEITERTRÄGT.

Ihre psychische Energie vermag viel. Wenn Sie sie freilegen, wird sie Sie zum Erfolg führen. *Tun Sie es. Kehren Sie Ihre psychische Energie nach außen. Seien Sie Sie selbst.*

Sie selbst, Ihre Gedanken, Ihre Träume, Ihr Leben, IHR BUCH

Schenken Sie sich Vertrauen. Schreiben Sie. Keine negativen Worte, sondern Worte der KRAFT, auf die Sie bauen können. SCHREIBEN SIE IHRE PROJEKTE AUF. Machen Sie eine Liste von dem, was Sie wollen. Tragen Sie in einen KALENDER ein, was Sie tun müssen. Sie müßten sich jetzt eigentlich besser kennen. Deshalb wenden Sie sich dem Kommenden zu und den anderen Menschen. MAN MUSS ANFANGEN, AUF DEM WEG ZUR ENTFALTUNG FORTZUSCHREITEN. Demgemäß muß man handeln.

Was Sie nun schreiben werden, ist, als ob Sie auf einer Karte die Wegroute einzeichnen, der Sie folgen wollen. Darum müssen Sie vorher wissen, wohin Sie gehen wollen. VERSUCHEN SIE VORAUSZUSCHAUEN. Sicherlich, Sie werden sich im Verlauf des Weges ändern. Sie werden vielleicht dazu geführt, ein Hindernis zu umgehen, diese Route einer anderen vorzuziehen. Aber Sie sollten schon eine Vorstellung vom Endziel haben.

Nur wer ganz klar seine Wünsche kennt, kann sie auch erfüllen. BEGINNEN SIE ALSO, hier an dieser Stelle, IHRE ZUKUNFT, so wie Sie sie sich wünschen, zu beschreiben. Das wird die erste Handlung sein, die Sie unternehmen, um sie zu REALISIEREN.

Schreiben Sie.

12. Entdecken Sie die Kräfte, die in Ihnen sind

Als ich das Buch »Archipel Gulag« von Solschenizyn las, mußte ich immer wieder innehalten, von Erinnerungen übermannt. Zwar habe ich die Lager, von denen er spricht, nicht gekannt, aber ich weiß, was die Haft bedeutet, die Gewalt, ich kenne die Angst des gefangenen Menschen. Ich kenne auch *die Kräfte des Geistes* – auf jeder Seite des Buches habe ich diese Kräfte gefunden. Vor meinem inneren Auge sah ich diese unüberwindbaren Menschen wieder, die ich getroffen hatte und die wie Solschenizyn in sich die Macht des Wissens und die Charakterstärke trugen, die ihnen, den Gefangenen und zum Tode Verurteilten, erlaubten, stärker als alle Henker zu sein.

In der Gefangenschaft, in den Lagern, habe ich *die unendlichen Kräfte* kennengelernt, die in jedem Menschen ruhen. Es sind sicherlich auch zerstörerische Kräfte, wenn die psychische Energie nicht beherrscht wird, wenn sie zum Sturzbach wird, der alles mit sich reißt. Ich habe Männer gesehen, die in Wut und Zorn sich gegenseitig töteten und zerstörten, sich selbst umbrachten, alle ihre Kräfte einsetzten, um ihr Leben zu verleugnen: Kräfte des Hasses, die die anderen zerstören und am Ende auch den Henker zu seinem Untergang führen. Aber wer kennt das nicht? Wer hat nicht einmal im Leben den Zorn, die Gewalt, den Irrtum, das Böse zum Ausbruch kommen sehen?
Niemand soll die Menschen, die zu Henkern wurden, entschuldigen, aber man muß begreifen, daß auch ihr

Beispiel beweist, daß es in jedem von uns eine *Kraft von ungeahnter Stärke* gibt.

Diese Stärke, diese Kraft ist in Ihnen. Es hängt von Ihnen selbst ab, ob sie Ihnen dient. *Es hängt von Ihnen ab,* ob Sie ihr Sklave und Opfer werden. Wenn Sie Ihre psychische Energie nicht kennen und beherrschen, werden Sie von ihr hinweggefegt. Aber wenn Sie sie in Dienst nehmen, werden Sie schließlich fähig sein, das zu erreichen, was Sie wünschen. *Ihre Zukunft wird Wirklichkeit.* Ich habe Ihnen schon gesagt, daß Sie sich selbst erkennen müssen, um den negativen Kreis zu durchbrechen, mit dem Sie sich manchmal umgeben. Nun müssen Sie *Ihre verstandesmäßigen Kräfte nutzen.*
Sagen Sie nicht: Ich habe keine Universität besucht.
Sagen Sie nicht: Ich bin kein Intellektueller.

Die Kräfte, über die ich jetzt mit Ihnen spreche, werden nicht nach den Jahren gemessen, die einer im Klassenraum oder im Hörsaal einer Universität verbracht hat. Sie hängen nicht von der Vielzahl von Kenntnissen ab, die Sie besitzen.
Glauben Sie mir, ich habe in meinem Leben Hunderte von Männern und Frauen kennengelernt, aus allen sozialen Schichten, mit den verschiedensten Berufen. Ich habe Metzger und Musiker gekannt, große Fotografen, Schriftsteller und Bauern, Schmiede und Maler. Bei allen habe ich gespürt, daß es Kräfte der Intelligenz gab, *Kräfte, die auch Sie besitzen.*

Ich sage nicht, daß Sie diese Kräfte schon kennen und nutzen. Zweifellos wissen Sie gar nicht, daß sie in Ihnen existieren. Sie sind wie so viele Männer und Frauen ein Opfer des äußeren Scheins. Sie glauben, die Kräfte der Intelligenz hingen von der Menge der Kenntnisse oder von Universitätsdiplomen ab. Das ist falsch. Ich habe Professoren getroffen, deren Intelligenzkräfte schwach waren, und Holzfäller, deren Kräfte ungeheuer waren. Denn diese Kräfte hängen in erster Linie davon ab, ob Ihre Persönlichkeit vollständig ausgebildet ist. Denken, erfinden, seine Intelligenz benützen – das ist auch *eine Frage des Herzens und der Willenskraft*. Auch hier muß man, wie bei allem, was man im Leben tut, Vertrauen haben. Denken und überlegen heißt handeln, und um zu handeln muß man wollen. Den Erfolg des Handelns darf man nicht durch Befürchtungen und Zögern in Frage stellen.

Sie müssen also Vertrauen in *die Kraft Ihrer Intelligenz* fassen. Vielleicht haben Sie nur einige einfache Prinzipien übersehen, die man anwenden muß, wenn man vom Denken Gebrauch machen will, vom Denken, das uns von anderen Wesen unterscheidet, uns zum Menschen macht und uns erlaubt, planvoll zu handeln. Diese Prinzipien der Entwicklung der Intelligenz habe ich nicht allein entdeckt. Als ich in die Vereinigten Staaten kam, war ich nur eine ungestüme Kraft, die wenig von sich wußte. Ich war wie unbebautes Ackerland, wo nur wenige Pflanzen wachsen, die eine Zufallsernte ergeben. Nach und nach änderte sich mein Leben, und ich habe begonnen, über mich nachzudenken, und als ich Dina kennenlernte, als meine Kinder geboren wurden, haben wir gewollt, daß sie alle Chancen, die das Leben bietet, sollten ergreifen können. Ich habe gelesen, ich bin weisen Männern begegnet, habe sie befragt und von ihnen gelernt. Seitdem höre ich nicht auf zu lernen. Das Unglück, das mich getroffen und vereinsamt hat, hat mir auch neuen Schwung gegeben, um noch besser zu verstehen, was der Mensch ist und was er in sich trägt.

Wenn ich Sie am Ende eines jeden Kapitels auffordere zu schreiben, so geschieht das, weil ich selbst ausprobiert habe, wie nützlich es ist, sich schreibend kennenzulernen und sich so auf das Handeln vorzubereiten. Ich erinnere mich an meine Unterhaltungen mit dem Schriftsteller Max Gallo, einem Mann, der es gewöhnt ist, sich auszudrücken. Er war es, der mir sprachliches Empfinden vermittelt hat, der mich hat entdecken lassen, wie bereichernd es ist, seine Gedanken auszudrücken. So ist DAS ERSTE PRINZIP, das Sie anwenden sollten, ZU SCHREIBEN UND ZU SPRECHEN. Sie müssen sich dazu zwingen, Ihre Sätze und Darlegungen klar und vollständig aufzubauen.

Schlagen Sie dieses Buch am Ende des ersten Kapitels wieder auf. Lesen Sie wieder durch, was Sie geschrieben haben. Es hat Ihnen geholfen, es zu schreiben. Es wieder zu lesen wird Ihnen ebenfalls helfen.

Zwingen Sie sich, Ihre Ideen auszusprechen, sie niederzuschreiben. Formulieren Sie einfache, kurze Sätze, die klare Gedanken enthalten, Gedanken, die zu Taten werden.

Hören Sie jetzt auf zu lesen und zwingen Sie sich, auf den folgenden Seiten – es sind Ihre Seiten – klar *Ihre Gedanken und ihre Projekte* darzulegen. *Schreiben Sie, bevor Sie weiterlesen.*

SCHREIBEN SIE IHR BUCH!

_____

_____

_____

_____

_____

_____

_____

_____

_____

Lesen Sie jetzt nach, was Sie aufgeschrieben haben. Wenn Sie aufrichtig gewesen sind, wenn Sie Ihre Sätze nach den Regeln der *Einfachheit und Klarheit* gegliedert haben – und das sind die natürlichen Regeln des Ausdrucks –, wird Sie ein Gefühl der *Kraft und Sicherheit* erfüllen, wenn Sie Ihren Text wieder lesen. Ihre psychische Energie ist nun *durch Worte und Gedanken kanalisiert* worden. Sie ist nicht mehr der reißende Strom, der über seine Ufer tritt und Verwüstungen anrichten kann – das, was man Zorn und Gewalt nennt –, sondern das Wasser, das gezwungen ist, zwischen Deichen zu fließén, das Wasser, das befeuchtet und nährt.

Man muß das erleben, am eigenen Leibe erfahren: *Worte und Gedanken sind nicht unschuldig.* Sie dürfen nicht der Versuchung nachgeben, Ihre Gedanken schweifen zu lassen. Sonst wird Ihre psychische Energie mitgezogen und verliert sich nutzlos wie Wasser im Sand.

Die Worte und Ideen sollen für Sie ein Mittel sein, sich zu sammeln, denn wenn Sie aus den Kräften, die in Ihnen sind, Nutzen ziehen wollen, müssen Sie, das ist das ZWEITE PRINZIP: LERNEN, SICH ZU KONZENTRIEREN. Stellen Sie sich vor, daß Sie eine psychische Energie in sich haben, die strahlt wie die Sonne. Wenn Sie diese Strahlung sich regellos ausbreiten lassen, werden Sie ohne Kraft sein. Ihre Energie wird sich verlieren. Aber wenn Sie die Strahlen wie Ähren in einer Garbe bündeln, können Sie wie mit einem Brennglas Feuer entfachen. Auf ähnliche Weise werden Sie im Leben

Widerstände überwinden und sich *den Weg in die Zukunft bahnen.*

Und wie der Gärtner, der will, daß ein Baum in die Höhe schießt, müssen auch Sie abgestorbene Zweige kappen und Seitentriebe, die dem Hauptast Saft entziehen, abschneiden. SIE MÜSSEN IHRE PSYCHISCHE ENERGIE KONZENTRIEREN UND SIE AUF EIN ZIEL RICHTEN: DAS ZIEL IHRES LEBENS.

Selbst wenn Sie weder Ruhm noch Glück, noch Erfolg erstreben, haben Sie in Ihrem Leben *Ziele,* die Sie *erreichen* wollen. Es sind Ihre Ziele, und sie sind genausoviel wert wie die Ziele derer, die nach Ehre streben. Es sind edle und schöne Ziele: es sind Ihre eigenen.

Um Ihre Ziele zu erreichen, Ihre Wünsche zu erfüllen, müssen Sie sich konzentrieren.

Wo aber lernt man etwas über diese inneren Kräfte? Wer hat Ihnen gesagt, daß Sie *psychische Energie erzeugen*? Niemand. Die offizielle Pädagogik kennt diese Kräfte nicht. Man läßt Sie sogar vergessen, daß Sie *eine einzigartige Macht* besitzen, Ihre psychische Energie. Aber manche Menschen spüren, ohne ein klares Bewußtsein davon zu haben, diese unermeßlichen Kräfte in sich. Und sie verstehen sie zu nutzen. Sie verstehen es, Vertrauen zu entwickeln. Sie verstehen es, *sich zu konzentrieren.* Sie verstehen es, ihren Willen und ihre Energie *nicht zu hemmen.* Die, die so sind, werden die Großen dieser Welt. Einige davon haben politische Macht, andere sind Künstler, andere Heilige.

Alle haben ihre Energie nach einem einzigen Prinzip gesammelt.

Ich sage nicht, man soll ihrem Beispiel folgen. Wer zuviel will, schädigt sich. Aber am Beispiel solcher Menschen kann man lernen. Auch müssen Sie wissen, daß man in allen Religionen seit langem um diese innere Kraft, *die Macht des Glaubens,* der Berge versetzen kann, weiß.

Sie müssen Glauben in sich haben, Glauben an Ihre Kräfte. Ihr Name steht nicht auf der ersten Seite der Zeitungen. Ihr Gesicht erscheint nicht im Fernsehen. Kommt es denn darauf an? *Sie sind einmalig, aber nicht anonym.* Ihre Person, Ihr Handeln, Ihr Leben sind so viel wert wie das Leben und Treiben aller.

In sich selbst – ich sage es noch einmal – tragen Sie *alle Menschen und das ganze Universum.* Und alle Kräfte *strömen Ihnen zu,* wenn Sie sie zu fassen wissen. Sie müssen es nur wollen. Sie müssen sich Ihrer Rolle in diesem Leben bewußt sein, *Sie selbst sein, Ihre psychische Energie zum Ausdruck bringen,* um bessere Beziehungen zu Ihrer Umwelt zu entwickeln. Öffnen Sie sich, um an der Welt teilzunehmen. Ihre psychische Energie soll eine der Ähren sein, die schönste, die es gibt, in der großen Garbe, welche die ganze Menschheit darstellt.

Sagen Sie nicht: Was geht mich das an?
Sagen Sie nicht: Mich interessiert nur mein Leben.
Sagen Sie nicht: Wie könnte ich, der ich so gering bin, eine derartige Rolle spielen?

Es betrifft Sie schon, denn Sie sind, selbst wenn Sie sich weigern, es zu wissen, ein einzigartiger Teil der Welt, Sie sind *eine lebende Zelle im großen Organismus der Menschheit.* Jedes Wesen wirkt auf Sie ein, und Sie wirken auf alle Wesen ein durch die Art, wie Sie Ihr Leben führen. Und wenn Sie glauben, Sie interessierten sich nur für Ihr eigenes Leben, so sind Sie blind, denn das Leben interessiert sich für Sie. *Das Leben –* das sind alle lebenden Wesen.

Sie können mitspielen im großen Spiel der menschlichen Beziehungen. Denken Sie an die Beziehungen zu Menschen innerhalb Ihrer Familie, im Berufsleben; denken Sie an das, was die Menschen, die Sie kennen, mit anderen verbindet. Es ist eine vielgliedrige Kette, die sich, von Ihnen ausgehend, ausdehnt, und auch Sie sind Teil einer Kette aus Freundschaft, Liebe und Haß. Sie spüren die Wirkungen davon auf sich selbst, aber auch Sie entlassen aus Ihrem Herzen Gefühle und Ideen zu denen, die Sie lieben und mit denen Sie emotional verbunden sind. *Ihre psychische Energie strahlt von Ihnen zur Gesamtheit der Menschen aus* über die Zwischenstationen derer, die Sie kennen. Die Kraft, mit der Sie handeln, kommt Ihnen von den anderen Menschen zurück, und meist wird sie von derselben Art sein wie die, mit der Sie auf die anderen gewirkt haben. Verbreiten Sie Haß, so werden Sie Haß empfangen. Strömen Sie Liebe aus, so werden Sie Liebe empfangen.

Deshalb möchte ich, daß dieses Buch, *unser Buch,* vor allem als *eine wohltätige Energie* zwischen uns wirke. Sie sollen darin aufschreiben, was Sie sind, Ihre Vergangenheit und das, was Sie hoffen. Und dann sollen *Ihre Gedanken, unser Dialog, unsere Energie* in einen *Kreislauf des gegenseitigen Austauschs* geraten. Machen Sie das Buch bekannt. Es soll ein Strom der Energie, ein Band der Freundschaft und der Liebe sein.

Aber Sie müssen *lernen, sich zu konzentrieren,* und das können Sie, indem Sie *Ihr Gedächtnis erziehen.* Denn glauben Sie nicht, daß das Gedächtnis nur der Winkel Ihres Geistes sei, aus dem Sie bei Bedarf den Namen eines Freundes, eine Adresse, eine Telefonnummer oder den Titel eines Buches holen. Es ist die psychische Energie, die Form angenommen hat. Stellen Sie sich vor: Wenn Sie einen Behälter füllen, nimmt das Wasser seine Umrisse an, nimmt den Umfang, die Form der Flasche oder des Gefäßes an. Ebenso verhält es sich mit der psychischen Energie, die Erinnerung geworden ist; sie hat die Form eines vergangenen Ereignisses, einer Erinnerung. Sie ist ein vertrautes Gesicht, das aus dem unmittelbaren Leben verschwunden ist.

Mit der Zeit vermindert sich diese psychische Energie der Erinnerung wie in einer Batterie, die allmählich ihre Kraft verliert. Zuerst werden die klaren Umrisse ausgelöscht. Man erinnert sich nicht mehr an das Datum eines Ereignisses. Man sucht einen Vornamen. Man hat vergessen, daß die psychische Energie sich ganz verteilt hat. Nun, man muß auf das Gedächtnis achten: Es ist das, was uns formt. Denken Sie an den Gedächtnislosen. Ich habe einen solchen Greis gekannt, der nicht mehr wußte, wer er war. An manchen Tagen wollte er zu den Feldern aufbrechen – er wohnte in einer Großstadt der USA –, weil er in seiner Jugend in Europa Bauer gewesen war. »Ich muß mich um die Tiere kümmern«, sagte er. So waren es die Ereignisse seiner ersten Jahre, die ihre Energie bewahrt hatten, während die jüngsten Ereignisse sich nicht eingeprägt hatten. Es ist also notwendig, *sein Gedächtnis zu bewahren,* die psychische Energie, die darin konzentriert ist, zu pflegen.

Sie können DIESES DRITTE PRINZIP: SEIN GE-DÄCHTNIS BEWAHREN UND ENTWICKELN, leicht ins Werk setzen. Zwingen Sie sich, eine Seite zu lesen, indem Sie sich *konzentrieren.* So lernen Sie *Konzentration.* Das bedeutet, daß Sie sich zwingen, aus Ihrem Geist alle anderen Gedanken zu verjagen, mit denen er angefüllt ist, während Sie lesen. Wiederholen Sie die einzelnen Sätze und vor allem lernen Sie sie auswendig, so daß Sie Ihrer psychischen Energie eine feste Form geben, in der sie lange erhalten bleibt. Sie werden so die Fähigkeit erwerben, etwas zu behalten. *Denn behalten ist eine Anstrengung.* Sie müssen sich *erinnern wollen,* aber sich erinnern wollen ist *man selbst* sein wollen. Sie werden Ihr Gedächtnis so trainieren, wie ein Sportler die Muskeln seines Körpers trainiert.
Vielleicht haben Sie die Gewohnheit, in einem Heft zu notieren, was Sie tun müssen? Versuchen Sie, manche dieser Punkte, eine Telefonnummer, die Liste von Arti-

keln, die Sie kaufen wollen, nur im Kopf zu behalten. Das wird dazu beitragen, den *Mechanismus Ihres Gedächtnisses und Ihres Geistes funktionieren zu lassen.*

Sagen Sie nicht: Warum soll ich mir den Kopf mit unnützen Dingen vollstopfen?

Sagen Sie nicht: Ich werde niemals Erfolg haben, ich habe kein Gedächtnis.

Wenn Sie das Wesentliche behalten wollen, müssen Sie beginnen, sich an dem zu erproben, was sekundär ist. Wissen Sie nicht, daß Sportler, die einen Rekord aufstellen wollen, Hunderte von Übungsstrecken zurücklegen, die ihnen aber, wenn der Tag gekommen ist, helfen zu *siegen*?

Versuchen Sie es mit einem Satz dieses Buches, den Sie für bedeutsam halten. Versuchen Sie ihn zu behalten, und Sie werden entdecken, daß Sie wie jedermann *ein Gedächtnis haben.* Aber Sie *müssen es erhalten, entwickeln wollen.* Und Sie können das nur, wenn *Sie an Ihren Willen appellieren.* Denn Sie müssen *wiederholen, lernen.* Und es wird Ihnen nicht gelingen, etwas *zu behalten, außer wenn Sie sich konzentrieren.* Diese kleine Übung des Lernens führt zum *Zentrum der Mechanismen psychischer Energie.*

Heute weiß ich, daß man beim Unterricht das Lesen vernachlässigt. Man zieht Bilder vor. Die Lehrbücher, wie sie mir manchmal die Eltern zeigen, wie ich sie in Universitäten und Gymnasien sehe, wo ich Vorträge halte, ähneln Comicstrips. Und die Fernsehserien, die

Lernmaschinen breiten sich aus. Ich bin für den Fortschritt, aber ich *glaube an die unersetzliche Kraft des Lesens. Ich glaube an die Notwendigkeit, das Gedächtnis zu schulen.* Die Menschen haben in ihrer langen Geschichte zwar zuerst durch Bilder gelernt, aber den großen Fortschritt brachte die *Entdeckung der Schrift und des Lesens,* als der einzelne *Leser sein individuelles Denken und sein persönliches Gedächtnis hat erschaffen* können, hat wissen können, daß er einzigartig ist.

Wenn Sie Kinder haben, zögern Sie nicht, lassen Sie sie lesen. Versuchen Sie, sie die *unendlichen Mächte, die in ihnen sind,* dadurch entdecken zu lassen, daß es ihnen gelingt, aufgrund der von einem Unbekannten geschriebenen Worte ihre Phantasie zu entwickeln. Lassen Sie sie etwas auswendig lernen und aufsagen. Zwingen Sie sie, ihre Intelligenz zu schulen. Sie müssen wissen, daß *Konzentration* notwendig ist, daß man sie übt, indem man sie praktiziert. Bringen Sie ihnen bei, sich nicht zu verlieren, sondern ihre *psychische Energie* zusammenzunehmen.

Machen Sie mit sich selbst die Erfahrung, wie das Gedächtnis entwickelt, die Fähigkeit zur Konzentration geschult wird.

Wenn Sie diese Übungen praktizieren, entdecken Sie schnell, daß man, um etwas zu behalten – das ist ein VIERTES PRINZIP –, die SCHWIERIGKEITEN, die Sätze ZERLEGEN muß. Und diese Lektion, die Sie aus der Erfahrung ziehen, muß das Leitprinzip Ihrer Verstandestätigkeit und die *Methode Ihres Nachdenkens* werden.

Wenn sich Ihnen ein Problem stellt, ein Problem aus dem täglichen Leben, versuchen Sie immer *die Reflexion, die Selbstbeherrschung, die Zerlegung der Schwierigkeiten* einzuführen. Ich erinnere mich an meinen Vater. Oft, wenn wir – das war vor dem Krieg – heimkamen, hielt er mir den Schlüssel zu unserer Wohnung hin: »Öffne«, sagte er. Unser Schloß war, wie ich wußte, schwierig, und nachdem ich den Schlüssel reingesteckt hatte, drehte ich zu schnell. Ich blockierte das Schloß. Ich regte mich auf. Ich sagte, ich höre mich noch: »Es wird mir nicht gelingen. Mach du es, Papa. Mach es.« Und seine einzige Antwort war: »Denk nach.« Dann fuhr er fort: »Beruhige dich. Womit mußt du beginnen? Was ist am dringlichsten?« Er lehrte mich auf diese Weise, ein Problem, das mir riesenhaft und unlösbar schien, in einfache Teile zu *zerlegen.*

Sie müssen das im Leben selber praktizieren, bei alltäglichen Fragen und bei Problemen, die Ihnen wesentlich erscheinen.

Haben Sie Vertrauen.
Konzentrieren Sie sich.
Bewältigen Sie Probleme,
indem Sie sie schrittweise lösen.
Rufen Sie sich Erlebtes
in Erinnerung.

Denn Sie müssen sich an Ihre Handlungen erinnern, nicht um sie zu *wiederholen,* denn Wiederholung ist Abnutzung. Sie bedroht uns immer. Sie ist der Weg des geringsten Widerstands. Wir brauchen, wenn wir ihn gehen, nicht mehr an unsere psychische Energie zu appellieren. Manchmal wählen wir diesen Weg, *doch die Wiederholung führt zu nichts.*

Sie müssen, um zu leben, das heißt um glücklich zu sein, *Ihr Leben erfinden,* es sich neu vorstellen, es erschaffen. Vermeiden Sie die Wiederholung. Sie müssen wissen, daß wir dazu getrieben werden, uns zu wiederholen, da unser Verhalten – unser Erfolg und unser Mißerfolg – in uns tiefe Spuren hinterlassen hat, die wir nicht kennen. Dann fließt unsere psychische Energie wie das Wasser, das auf ein Terrain fließt, in das Rinnen gegraben sind, in alte Bahnen. Deshalb begehen Sie oft von neuem die Irrtümer, die Sie schon begangen haben. Sie lieben einen Mann oder eine Frau, die dieselben Fehler haben wie diejenige oder derjenige, den Sie verlassen haben. Sie verfallen der Wiederholung, weil *das Erfinden eine Anstrengung Ihrer ganzen Existenz* verlangt. Sie machen aber in der Kenntnis Ihrer selbst und der anderer keine Fortschritte, Sie ändern nicht Ihr Leben in positiver Weise, wenn nicht, und das ist das FÜNFTE PRINZIP: ERFINDUNGSKRAFT UND PHANTASIE IN IHREM DASEIN WIRKSAM WERDEN.

Und das muß man sehr gegen den Druck der Gewohnheit wollen. Erfinden, sich vorstellen, das will heißen, daß Ihr Gedächtnis Sie an das erinnert, was Sie schon gemacht haben. Das will heißen, daß Sie über Ihre vergangenen Handlungen *nachgedacht* haben, daß Sie sich selber *durchsichtig* geworden sind. Und Sie müssen auch *Vertrauen zu sich haben,* zu Ihren *Fähigkeiten,* um zu *wagen,* zu unternehmen, was *neu* ist. Denn die Vergangenheit gibt immer Sicherheit.

Sie sind konservativ. Sie haben Angst, sich zu irren, zu verlieren, Angst, etwas zu unternehmen. Das ist natürlich. Klagen Sie sich nicht Ihrer Vorsicht an. Die Geschichte der Menschen besteht aus zuviel Unglück und Unsicherheit, als daß sich Wagemut von selbst verstünde. *Sie müssen aber wagemutig sein.* Sie müssen Vertrauen haben zu *den Kräften, die in Ihnen sind.* Sie müssen beginnen, auf sich selbst einzuwirken, durch sich selbst, um so Ihre Beziehungen mit anderen Menschen zu beeinflussen, daß Sie *besser mit ihnen zurechtkommen* und auch die anderen *besser mit Ihnen zurechtkommen.*

Wenden Sie die Prinzipien an, die ich Ihnen mitteile. Werden Sie im Zentrum dieser Kette, die aus allen denen, die Sie kennen, gebildet ist, *einer,* der Vertrauen und Hoffnung *gibt.* Sagen Sie zu den anderen: »Sprechen wir von Ihrem Leben«, und sprechen Sie von dem Ihren. Erklären Sie ihnen, wie man *die Kräfte des Lebens befreien kann.* Erklären Sie es Ihrer Familie, Ihren Freunden, denen, die Sie lieben.

Sagen Sie nicht: Ich möchte diese Entdeckungen für mich behalten. Sagen Sie nicht: Der andere ist ein Konkurrent. Diese Entdeckungen werden Sie, wenn Sie sie verbreiten, stärker machen. Sie werden Ihnen Vertrauen geben.

236

Wenn Sie den anderen als Konkurrenten betrachten, wird er es auch sein. Wenn Sie aber mit ihm teilen, wie sollte er auf lange Sicht nicht auch mit Ihnen teilen? Wie sollte er nicht begreifen, daß Sie Kräfte in sich haben, die ihn auffordern, Ihr Freund und nicht Ihr Feind zu sein? Handeln Sie in diesem Sinn.

Sie selbst, Ihre Gedanken, Ihre Träume, Ihr Leben, IHR BUCH

Schreiben Sie. Bringen Sie Ordnung und Klarheit in Ihre Gedanken. Schreiben Sie nicht mehr nur die Worte, die Ihnen spontan in den Sinn kommen. Wählen Sie die, die am genauesten sind, die am besten Ihren Willen und Ihre Pläne ausdrücken. BILDEN SIE SELBST LEITSÄTZE, die Sie sich wiederholen können. So werden Sie Ihre PSYCHISCHE ENERGIE lenken und daraus eine Kraft machen, mit der Sie erreichen, was Sie wollen. SCHREIBEN SIE.

_____

_____

_____

_____

13. Werden Sie schöpferisch, immer aufs neue

Haben Sie einmal das Gesicht von Picasso betrachtet? Einer meiner Freunde, der bedeutende amerikanische Fotograf David Douglas Duncan, hatte über den Maler und sein Werk eine Reportage gemacht, wobei er mehrere Tage bei ihm lebte. Als ich sein Buch »Good bye Picasso« durchblätterte und er mir erzählte, wie er Picasso Tag für Tag mit der Energie eines jungen Mannes hatte arbeiten sehen, da verstand ich, was mir mein Vater hatte sagen wollen, als wir – es war kurz vor dem Krieg – aus der Werkstatt eines Handwerkers kamen: »Es gibt keine Müdigkeit für den, der schöpferisch ist.« Picasso – der jugendliche Greis – erinnerte mich an diesen Satz. Und ich möchte gern, daß auch Sie ein schöpferisch tätiger Mensch werden.

Sagen Sie nicht: Ich bin doch kein Künstler!

Sagen Sie nicht: Mein Beruf langweilt mich, und nach Dienstschluß bleibt mir keine Zeit, um schöpferisch zu sein.

Ich kenne Ihre Schwierigkeiten, ich kenne den Druck, den die Gesellschaft ausübt, und weiß, daß heutzutage der Mensch seine Arbeit nur noch als freudlose Auftragserfüllung erledigt. Der eine bedient sein Leben lang eine Rechenmaschine, der andere eine Schreibmaschine – ganz zu schweigen von den Fabrikarbeitern, deren Tätigkeit vom unmenschlichen Rhythmus der Maschinen bestimmt wird.

Ich verkläre nicht die Vergangenheit. Aber ich erinnere mich an die Freude, die ich in meinem Beruf als Antiquitätenhändler empfand, wenn ich einen der schönen Gegenstände in die Hand nahm, die ein einzelner Handwerker in manchmal jahrelanger Arbeit hergestellt hatte. Er hatte etwas geschaffen, aus Holz oder Porzellan ein Werk entstehen lassen, das nicht nur von seiner handwerklichen Kunst zeugte, sondern in das er auch seine Vorstellung von der Schönheit gelegt hatte: ein Werk, so einzigartig wie jeder Mensch, wie auch Sie es sind. Aber wer kann heutzutage schon die Produkte seiner Arbeit durch seine Persönlichkeit prägen? Nur einige Künstler. Die Gesellschaft wirkt heute wie eine Dampfwalze, die die Individuen immer mehr einander angleicht. Und der Arbeitsprozeß verwandelt den Mann oder die Frau in Anhängsel von Maschinen.

Natürlich versucht jeder von uns, seine *Individualität* zu bewahren. Aber es genügt nicht, sich von anderen zu unterscheiden, beispielsweise durch die Kleidung. Worauf es wirklich ankommt, ist nicht, den Unterschied zu suchen, sondern *schöpferisch zu werden* und schöpferisch zu bleiben.

Wie ist das möglich?

Es ist nicht einfach. Aber es ist notwendig, daß Sie in sich die Fähigkeit zur Erfindung und zur Phantasie bewahren, die *Schöpfung* wird.

Ich werde von den Kindern und von der Liebe sprechen. Dort kann jeder von uns die einzigartigen Kräfte des Schöpferischen entfalten.

Daneben gibt es den *Umgang mit anderen Menschen.* Schöne und tiefe Freundschaften zu leben ist eine der edelsten *Schöpfungen* des Menschen – und eine der seltensten. Davon werde ich im Zusammenhang mit der Liebe sprechen.

Man muß sich aber auch Mühe geben, schöpferisch zu sein und die Materie zu formen, die Worte zu finden und zu fügen. Denn *Liebe und Freundschaft* werden Sie um so intensiver leben, je mehr Sie in einem Werk, einer Schöpfung ausgedrückt haben, was das ureigenste Geheimnis Ihrer Persönlichkeit ausmacht.

Sagen Sie nicht: Ich bin nicht schöpferisch.

Jeder Mann, jede Frau ist schöpferisch. Was macht es aus, wenn die Werke, die sie erschaffen, nicht als Meisterwerke anerkannt werden?

Wer weiß denn schon, was ein Meisterwerk ist? Man sieht doch, wie entsprechend der Mode oder Zeitströmung diese oder jene Schöpfung gepriesen oder abgelehnt wird. Die Literaturkritiker begeistern sich zum Beispiel für einen Roman, dann wird er vergessen, kaum gelesen. »Des Lebens Ruf an uns wird niemals enden« wurde selten besprochen. Was ich geschrieben hatte, interessierte die Kritiker nicht, es war ihnen vielleicht zu einfach oder zu gefühlvoll. Aber die Buchhändler, die Leser haben den tiefen Sinn meines Buches begriffen, und Hunderttausende haben es gelesen. Jede Woche bekomme ich Hunderte von Briefen. Dieses Buch ist – ich weiß es – ein wahrhaftiges Werk, das zum Herzen der Leser spricht und ihnen in ihrem Alltagsdasein hilft. Was liegt mir an dem, was die Kritiker denken; was liegt mir daran, ob dieses Buch ein Meisterwerk ist oder nicht? Es existiert, und alle, die den Kontakt mit der Wirklichkeit nicht verloren haben, haben es verteidigt. Ich mußte es schreiben, und Frauen und Männer haben es beglückt gelesen und davon gesprochen.

DESHALB MUSS MAN SCHÖPFERISCH SEIN.

Man darf sich vor allem nicht fragen, ob man ein Meisterwerk schafft, sondern man muß das Bedürfnis spüren, etwas zu *tun* und zu *geben,* was Freude und Sympathie vermittelt. Als mich das Unglück getroffen hatte und ich ganz allein war, habe ich, noch bevor ich daran dachte, meinen Lebensbericht aufzuschreiben, die *Stiftung Dina Gray* geschaffen zum Schutz des Menschen und seiner Umwelt. Ich habe darum gekämpft, sie bekannt zu machen, darum gekämpft, daß man sich in der Öffentlichkeit mit dem Schicksal der Bäume und den Umweltproblemen befaßt. Ich habe dafür gekämpft, daß die Kinder überall in der Welt lernen, die Bäume zu achten und zu lieben; deshalb habe ich die Kampagne »Ein Kind – ein Baum« in die Wege geleitet. Jeden Tag hat diese Schöpfung mir Anstrengung abverlangt, und manchmal war ich nahe daran zu verzweifeln. Später habe ich im Süden Frankreichs an den Berghängen, wo meine Familie in der Feuersbrunst umgekommen war, erlebt, wie Kinder, die kleinen Kameraden meiner Kinder, Bäume zur Wiederaufforstung pflanzten. Und diese Bäume, an deren Pflanzung ich beteiligt war, sind *ein Werk, eine Schöpfung.*

244

MAN MUSS SCHÖPFERISCH SEIN.

Ich spreche aus Erfahrung. Wenn man sein Leben auf *das Konsumieren* beschränkt – was wird aus einem anderes als *eine lebende Maschine?*

MAN MUSS SCHÖPFERISCH SEIN.

Jede Minute Ihres Lebens bietet Ihnen *die Möglichkeit, schöpferisch zu sein.* Sie können Ihren eigenen *Lebensstil* erschaffen. Nicht Moden oder Vorbildern folgen, sondern frei und bewußt über Ihr jeweiliges Tun und Verhalten entscheiden! Ihr Entschluß, das Rauchen aufzugeben – ist das nicht *etwas Schöpferisches?* Halten Sie das nicht für unwesentlich!
Ihre Willenskraft schöpferisch zu entwickeln – ist das denn nicht entscheidend? Oder wenn Sie durch Ihre Worte, Ihre Bemühungen, Ihre Handlungen eine Atmosphäre von Glück, Ruhe und Sicherheit für die, die Sie lieben, um sich schaffen – glauben Sie nicht, daß das unendlich zählt? Ich protestiere gegen die, die nur das Kunstwerk als Schöpfung ansehen. Sie kennen das Leben nicht, sind Opfer von Vorurteilen. Ich bin eines Tages einem alten Mann begegnet, der älter als achtzig, von sehr einfacher Herkunft war und niemals Universitäten besucht hatte. Mit elf Jahren arbeitete er schon auf den Bauplätzen. Heute ist er nach einem Leben voller Anstrengungen noch *schöpferisch.* Er verfaßt keine Bücher, sondern schreibt lediglich in einem kleinen Notizbuch Gedanken,

Zahlen auf, die ihm bedeutsam erscheinen. Er klebt Zeitungsartikel auf, die ihm helfen, die Welt der Menschen zu verstehen. Er zeigte mir eine lange Reihe von Zahlen: Dort war die Dauer – so wie die Wissenschaftler sie einschätzen – der verschiedenen geologischen Epochen zusammengestellt, der Augenblick des Erscheinens der Tiergattungen. Ich sah seinen lebhaften Blick: »Das ist eindrucksvoll, nicht wahr?« sagte er. Glauben Sie nicht, daß dieses Heft eine *wirkliche Schöpfung* ist? *Eine Schöpfung, die Sie vollbringen können!* Nichts ist einfacher und wesentlicher als *schöpferisch* zu sein. Das bedeutet, mit der Welt und den andern in *Verbindung* zu treten.

Ich denke an diese wunderbare Frau, die mit Dina meine Kinder erzogen hat und die, seit ich allein bin, die Mahlzeiten kocht, wenn Freunde mich besuchen kommen. Ich sah sie Gemüse schneiden, und an ihren Gesten, die so einfach, aber voller Erfahrung sind, entdeckte ich, daß das Kochen eine schöpferische Tätigkeit ist. Seine Wohnung einrichten, seine Möbel aussuchen, die Bilder, die Photos auswählen, die man aufhängt – auch das ist ein kreatives Tun.
Ich will sagen, daß die alltäglichsten und notwendigsten Handlungen, wenn man sie mit Liebe vollbringt, wenn man seine ganze Persönlichkeit hineinlegt, wenn man versucht, der *Nachahmung* zu entgehen, Schöpfungen werden und Freude bringen können. Es muß Ihnen gelingen, der Welt, die Sie umgibt, Ihren Stempel aufzudrük-

ken. Was Sie auch tun – ein Kleid oder ein Möbelstück aussuchen oder eine Mahlzeit zubereiten –, es muß *Ihren Stempel* tragen.

Ihr Leben muß eine ständige Schöpfung sein.

Denn das ist das eigentliche Ziel Ihres Handelns, der Sinn Ihrer täglichen Anstrengungen.

Ihr Leben eine Schöpfung? Das bedeutet, daß Sie es in die Hand nehmen müssen. Sorgen Sie dafür, daß es Ihnen nicht entgeht, daß es sich nicht auflöst, ohne daß Sie es merken, und Sie eines Tages dastehen, verwundert über die vielen Jahre, die vergangen sind, ohne daß Sie *etwas über sich selbst, über Ihr Leben und seinen Sinn, erfahren* haben. Denn das ist der Preis, den die zahlen, die sich weigern, ihr Leben zu verstehen und bewußt zu gestalten.

Ich erinnere mich an eine Dame von fast sechzig Jahren. Sie hatte mir geschrieben und war dann gekommen, um mich im Büro der Stiftung Dina Gray zu besuchen. Hoffnungslos und melancholisch blickte sie auf ihre Vergangenheit: »Meine Jahre, Herr Gray, all die Jahre meines Lebens, ich habe den Eindruck, nicht gelebt zu haben. Wie ist das nur möglich? Ich habe das Gefühl, nichts aus meinem Leben gemacht zu haben, und heute . . .«

Sie redete und erzählte die ganze Zeit von ihren Kindern, die groß geworden waren und das Haus verlassen hatten, Kinder, die sie aufgezogen hatte, ohne sich klarzumachen, daß sie ihre Fürsorge um ihrer selbst willen brauchten, daß sie nicht für sie, die Mutter, zur Welt gekommen waren, sondern daß sie um ihrer selbst willen geboren worden waren.

Diese Frau war schöpferisch gewesen, aber ohne zu wissen, was der Sinn ihrer Geschöpfe war. Ich glaube, ihr zum Verständnis geholfen zu haben. Denn es ist nie zu spät, seinem ganzen Leben, auch wenn schon ein großer Teil davon verflossen ist, eine neue Richtung zu geben.

MAN MUSS SCHÖPFERISCH SEIN,
MAN MUSS GEBEN KÖNNEN.

Kennen Sie den Ursprung der meisten Depressionen? Er liegt im Rückzug auf sich selbst, in der Unfähigkeit, in die der Kranke geraten ist, *mit der Welt und den anderen Menschen in Verbindung zu treten*. Plötzlich verschließt er sich, verliert das Interesse, möchte am liebsten im Bett bleiben, verborgen unter der Decke, um die Welt zu vergessen und in diesem traurigen Dämmerzustand wieder ein Kind zu werden.

Man muß auf der Hut sein und sich auf jeden Fall das Interesse an anderen Menschen, an der Welt bewahren.

Sagen Sie nicht: Was gehen mich die Hungersnöte in Afrika an?

Sagen Sie nicht: Was gehen mich Bücher und Filme, Feinde und Freunde an? Ich hab ja das Fernsehen, das genügt mir.

Damit Ihr Leben ein kontinuierlicher schöpferischer Prozeß bleibt, müssen Sie wissen, was um Sie herum vorgeht.

Sie müssen sich für die Welt *interessieren*. Sie sollten jeden Tag eine Zeitung überfliegen und die wichtigsten Tatsachen aus Politik und Wirtschaft zur Kenntnis nehmen. Denn diese Tatsachen wirken auf Sie jeden Augenblick Ihres Lebens.

Sagen Sie nicht: Darauf habe ich keinen Einfluß. Sie können ihn haben, und schon dadurch, daß Sie darüber Bescheid wissen, schaffen Sie die Bedingungen für eine Änderung dieser Tatsachen.

Als ich die Stiftung Dina Gray ins Leben rufen wollte, haben mir zahlreiche Freunde von diesem Unternehmen abgeraten. Ich würde mich aufreiben an der Gleichgültigkeit der Ministerialbürokratie. Ich würde meine Zeit, mein Leben, mein Geld verschwenden. Sie verstanden nicht, daß der Kampf, den ich aufnahm, *das Werk*, das ich zu *schaffen* unternahm, nicht nur *die Lebensqualität* für viele Menschen *verbessern* und die Natur schützen, sondern auch für mich eine *Hilfe zum Leben* sein würde.

SICH FÜR DIE WELT INTERESSIEREN, SICH DER WELT ÖFFNEN? DAS BEDEUTET, DURCH DAS LEBEN DER ANDEREN MENSCHEN SELBST EIN ERFÜLLTERES DASEIN ZU FÜHREN: INTERESSE ENTWICKELN HEISST IM LEBEN STEHEN.

Ich gehöre keiner politischen Partei an. Ich spreche nur von dem, was ich sehe, und sage nur, was ich denke. Aber ich habe nicht selten Männer und Frauen mit einem politischen oder sozialen Ideal getroffen, die sich dem harten Gesetz unserer Gesellschaft nicht beugen wollten, die mehr Gerechtigkeit im Zusammenleben der Menschen durchsetzen wollten. Sie protestieren gegen eine

Welt, in der die einen an Hunger sterben und die anderen grenzenlose Verschwendung treiben, eine Welt, wo alles käuflich ist. Wer kann es für in Ordnung halten, daß im Mülleimer einer amerikanischen Familie genug steckt, um eine indische Familie eine Woche lang zu ernähren? Diese Menschen, die versuchten, *ein alternatives Leben zu schaffen,* die versuchten, durch ihre Taten Tag für Tag die Situation zu verbessern, habe ich nicht selten glücklicher gefunden als die, die sich egoistisch in sich selbst verschlossen, weil sie vergessen hatten, daß ein vernünftiger Egoismus nicht im Verschließen und Bewahren besteht, sondern *in der schöpferischen Offenheit* gegenüber anderen Menschen, im Geben und Teilen.
Versuchen Sie es.

ERSCHAFFEN SIE IHR LEBEN.

Bringen Sie sich selbst zum Ausdruck in den Entscheidungen und Handlungen Ihres täglichen Lebens. Schaffen Sie Ihren eigenen Lebensstil und gebrauchen Sie Ihre eigenen Worte, nicht die, die alle Welt Ihnen vorsagt.
Seien Sie schöpferisch, das heißt: Handeln Sie mit Begeisterung und Liebe statt voller Gleichgültigkeit. *Werden Sie erfinderisch.* Haben Sie Vertrauen zu sich selbst.

WERDEN SIE SCHÖPFERISCH,
IMMER AUFS NEUE.

Sie selbst, Ihre Gedanken, Ihre Träume, Ihr Leben, IHR BUCH

SCHAFFEN SIE hier und jetzt IHR BUCH. SCHREI-BEN SIE und finden Sie beim Schreiben Ihren eigenen Ton, schlagen Sie Ihren eigenen Weg ein. DRÜCKEN SIE SICH AUS. Geben Sie der schöpferischen Kraft, die in Ihnen ist, Leben. SEIEN SIE SCHÖPFERISCH. Schreiben Sie.

_____

_____

_____

_____

_____

_____

_____

_____

_____

Sie werden sich entfalten

14. Sie brauchen Liebe

Sie brauchen Liebe.
Ich weiß, wovon ich spreche. Ich war ein Kind, geliebt von den Meinen, dann von ihnen getrennt. Ich war der Einsame, der angstvoll jemanden sucht, nach dem er die Arme ausstrecken kann und der ihn empfangen wird. Ich war ein Mann, von Liebe überschüttet und umgeben, der selber Liebe gab. Dann kam von neuem die Einsamkeit.

SIE BRAUCHEN LIEBE.

Es muß Ihnen gelingen, das Gefühl, das Sie dem anderen, der Welt öffnet, zu erleben, dann erscheint Ihnen das Leben, als ob es von sich selbst getragen sei, und reißt Sie mit sich, und Sie sind voller Begeisterung. So hat das Leben Sinn. Ohne Liebe jedoch – was bleibt Ihnen dann? Tage, die sich aneinanderreihen, müde, wunschlose Gebärden. Das Leben wird zu einer langen Wanderung durch eine Wüste.
Sie brauchen Liebe.
Sie brauchen den *Austausch* Ihrer psychischen Energie mit einer anderen. Sie kennen doch das Grundprinzip der Elektrizität: Elektrischen Strom gibt es nur, wo ein negativer Pol auf einen positiven Pol trifft. *Ihre psychische Energie braucht Verbindung* mit einem anderen Pol, *um strömen zu können.* Ohne diese *Begegnung* bleibt sie in sich selbst verschlossen und verfault. Das zerstört Sie und ist, ich habe es schon gesagt, die Ursache vieler Krankheiten. Auch viele Erkrankungen, von denen wir nur die körperliche Seite sehen, haben diesen Ursprung. *Wenn*

sich Ihre psychische Energie nicht äußern kann, breitet sie sich verderbenbringend in Ihrem Körper und in Ihrem Geist aus.

SIE BRAUCHEN LIEBE.

Ich rede nicht nur von dem, was man im Kino und in Romanen Liebe nennt. Ich meine die vollständigste und schönste Form der Begegnung, die in der körperlichen und seelischen Vereinigung *das Leben weiterträgt.*
Wie leben Sie diese Liebe? Haben Sie sie gekannt? Sehnen Sie sich wirklich danach?
Ich kenne ihre Karikatur. Betrachten Sie die Plakatwände, die Reklameseiten in den Zeitungen: Körper, die unseren Blicken zum Fraß vorgeworfen werden, seelenlose Körper, ausgestellt in den Schaukästen der Kinos als angebliches Bild der Liebe, als die Liebe selbst. Auch habe ich in manchen Städten die Ankündigung von Life-Shows gesehen, in denen Schauspieler auf der Bühne das Spektakel der Liebe mimen.
Ich will das nicht einmal verurteilen. Warum verurteilen, was gar nicht existiert? Denn die Begegnung zweier Körper nenne ich nicht Liebe. Es ist nur ihre leere Form, wobei jeder Partner nichts ist als ein *Mittel der Lust.*
Ich habe nichts gegen die Lust. Die körperliche Lust ist ein Teil des Lebens; es ist notwendig, sie vital zu empfinden, sie zu suchen. Aber findet sie wirklich, wer sie um jeden Preis sucht?
Ich erhalte oft Briefe von jungen Leuten. Die Sitten sind

zum Glück freier geworden und die Beziehungen zwischen Mann und Frau einfacher. Bevor zwei Menschen sich entschließen, ihr Leben zu teilen, wollen sie sich kennenlernen, auch körperlich.

Vermitteln mir die Briefe der jungen Leute ein Bild des Glücks? Spiegeln sie ein Verhalten, das zu einem inneren Gleichklang führt? Ich glaube es nicht.

Jeder von uns ist – vergessen Sie das nicht! – eine untrennbare Verbindung von Körper und Geist. Der Geist – ich habe kein anderes Wort, um das zu bezeichnen, was unsere Sensibilität ausmacht und sich zusammensetzt aus unseren Erinnerungen und Hoffnungen, unserem Gedächtnis und Verstand, aus unserem Unbewußten und unserem Bewußtsein. Wenn man die beiden Teile unser selbst trennen will, zerreißt und verstümmelt man sich. Aus dieser schmerzhaften Operation kann keine Ausgewogenheit entstehen.

Ich bin nicht dafür, daß die alten Vorurteile fortbestehen, die jungen Leute eingesperrt und daran gehindert werden, die Kräfte auszudrücken, die in ihnen sind. Aber seien Sie wachsam! Jeder von uns muß sich selbst achten, das heißt *die Ganzheit seiner selbst respektieren.*

Wer sind Sie, wenn Sie hemmungslos der geringsten Versuchung nachgeben? Spielt es eine Rolle, ob die Wissenschaft heutzutage Mittel bereitstellt, die gewisse Folgen und Ängste zu vermeiden erlauben? Wie wollen Sie denn *eine menschliche Beziehung aufbauen* und vielleicht sogar das Entstehen der Liebe erleben, wenn Sie

Ihre Person verantwortungslos preisgeben an eine Vielzahl von anderen? *Liebe bedeutet Dauer. Liebe bedeutet Willenskraft.*
Das, was zählt, ist nicht, *Erfahrungen* machen zu wollen. Was kann die schnelle und flüchtige Begegnung bringen? Ein oberflächliches Kennenlernen, ein Vergnügen ohne Tiefe, ein Gefühl der Befriedigung – man kommt rasch zusammen, unbelastet von Vorurteilen, man hält sich für frei und glaubt, den anderen verstanden zu haben – und zugleich damit das viel länger dauernde Gefühl des *Scheiterns.* Denn alles ist illusorisch bei diesen folgenlosen Vergnügungen ohne echten Austausch. Was vermögen die Körper, die so durch die Begierde zueinander hingezogen werden? Sich befriedigen! Aber was ist eine auf diese Weise befriedigte Begierde? Selbst diese Begierde ist nichts, wenn sie nicht von *Ihrer inneren Wahrheit, Ihrer ganzen psychischen Energie* erfüllt wird. Das Bedürfnis nach Begegnung wird sich Ihnen noch tiefer eingraben, Sie werden zu anderen Körpern hingetrieben, die Ihnen keine Befriedigung mehr geben, weil Sie *Ihrer psychischen Energie* keine *Zeit lassen, sich mit der des anderen auszutauschen.* Und eine neue Begegnung, eine neue Befriedigung, die Sie sich zugestehen, weil Sie in ihr Frieden und dauerhafte Freude zu finden glauben, treibt sie nur immer weiter in die nächste Beziehung, es sei denn, Sie ziehen sich verwundet in sich selbst zurück und verzweifeln.

Sie müssen also wählen: zwischen dem Feuerwerk der

Lust und der darauffolgenden langanhaltenden Verzweiflung einerseits und der langsamen, geduldigen und
oft schwierigen Eroberung der *Liebe* andererseits.
Denn den anderen können Sie nur *in einer dauerhaften
Beziehung* wirklich kennenlernen. Ja *das Kennenlernen*
selbst braucht Zeit. Warten können, miteinander reden,
einander lange betrachten, gemeinsam die Erinnerungen
des anderen erkunden, die Erfahrungen des Lebens teilen, eine Mahlzeit oder eine Theateraufführung genießen, das Gespräch suchen und sich Briefe schreiben – all
*das erfüllt und bereichert den Körper mit den Kräften des
Geistes.* Solche Bereicherung kann nicht in einer Stunde
oder einem Tag geschehen, im Anschluß an ein Tanzver-
gnügen oder eine flüchtige Unterhaltung. Wenn man sich
Zeit läßt für das gegenseitige Kennenlernen, wenn man
sich der Illusion verweigert, durch frühe körperliche Hingabe könne man den andern erkennen und die Liebe
erleben, dann wird die Begegnung der Körper, wenn sie
kommt, mehr als ein rasch verlöschendes Feuerwerk sein,
nämlich *Kommunikation* und *Ermöglichung lebendiger
Liebe.*
Denn Sie sind doch mehr als nur Körper. Sie sind auch
Geist und Verstand. Sie können sich nicht aufspalten in
zwei Teile, die einander ignorieren. Sonst wird im Augenblick der körperlichen Liebe, wenn Sie *ein* Leib sind, die
Lust entfliehen oder nur ein kurzer, vergänglicher Augenblick sein.
Natürlich müssen Sie die körperliche Liebe kennenlernen. Sie müssen sich auch auf dieser Ebene *entfalten,* ihre

psychische Energie den ganzen Körper erfüllen lassen, denn der geliebte Körper gibt Ihnen seine Gegenwart. *Jetzt, im Augenblick der Lust, findet der wahrhafte Austausch psychischer Energien statt, die Selbsterneuerung durch den anderen, das Erkennen des anderen und seiner selbst durch die Lust.*

Sie merken, daß ich die sinnliche Lust nicht verwerfe. Im Gegenteil, ich bin der Ansicht, es gebe nichts Traurigeres als Männer, vor allem aber Frauen, die nicht zur physischen Entfaltung kommen und vielleicht während ihres ganzen Lebens niemals den Augenblick erleben, wo man für einen Sekundenbruchteil das Bewußtsein verliert und wo Körper und Seele von einer Welle getragen werden, die aus der eigenen Tiefe kommt und dem anderen das Glück schenkt zur gleichen Zeit, da auch ich es von ihm erfahre.

Wie gelangt man zu dieser Lust? Wie erfährt man die Entfaltung seiner selbst? Wie schenkt man dem anderen diese Freude?

Zunächst müssen Liebe und Begehren dasein. Der andere muß mehr sein als ein fremder Körper, den Sie zur Befriedigung eines Bedürfnisses oder zur Erfüllung einer Gewohnheit brauchen.

Zwischen Ihnen beiden darf nicht nur das Einverständnis zweier Menschen herrschen, die Lust wollen und wissen, wie man das macht, sondern einer muß dem andern *Liebe schenken wollen.*

Denn – das ist die Gerechtigkeit der Natur – die Körper

täuschen sich nicht, mögen auch die Worte, die sich die Personen sagen, trügen. Die Körper unterscheiden rasch die Wahrheit der Liebe von ihrem Gegenteil, einer Spielerei, einem Instinkt.

Dann schleicht sich bei den Liebenden *die Angst* ein. Es genügt, daß einer sie in sich spürt – unbewußte Angst am häufigsten –, damit die Lust entflieht. Einer der beiden Partner wird vielleicht zur Befriedigung kommen – aber der andere? Und was ist einsame Lust, da die Liebe doch *Teilhaben* ist und die Freude des körperlichen Einsseins nur *im Miteinander* gewonnen wird, in der Begegnung auf dem Höhepunkt der Lust?

Die Angst – es kann die Angst sein, vom andern als *Instrument* benutzt zu werden. Viele Männer suchen in der Tat – und ich kann sie deswegen nicht anklagen, denn sie verkörpern nur eine alte Rolle in der Menschheitsgeschichte – zunächst nur ihr eigenes Vergnügen. Auf die Frau kommt es dabei nicht an. Viele Frauen denken im Grund ihres Herzens, sie müßten die Lust des Mannes passiv hinnehmen, denn es sei in jedem Fall der Mann, der das Spiel bestimmt.

Dann hat die Frau das Gefühl, nur eine Sache zu sein, ohne Persönlichkeit und Eigenleben; sie meint, die Lust nur erdulden und spenden, nicht aber empfangen zu dürfen.

Dieses Ungleichgewicht ist verhängnisvoll: nicht nur für die Frau, sondern auch für den Mann, für beide. Die Frau leidet mit ihrem Körper an der mangelnden Befriedigung, und das hat unausweichliche Rückwirkungen auf das tägliche Leben. Ihre psychische Energie, die sie nicht hergeben, austauschen und entfalten kann, verwandelt sich in Aggressivität, in Heftigkeit und verhaltenen Groll, die das Leben zu zweit zu einem unaufhörlichen Kampf machen. Ich habe so viele Paare gekannt oder von ihnen gehört, zwischen denen *die Kommunikation erstorben* war. Sie leben nebeneinander her, Mann und Frau, sie schlafen nebeneinander, aber zwischen ihnen ist eine tiefe Kluft.

Das dürfen Sie nicht hinnehmen.

Aber das wird es geben, wenn Sie in Ihrem Leben nur den augenblicklichen Regungen folgen. Sie müssen in der Liebe das Gleichgewicht wollen.

Das heißt, Sie müssen sich um den andern kümmern, ihm helfen, Vertrauen zu sich und zu Ihnen zu entwickeln. Der andere muß spüren, daß Sie nicht nur Ihr Vergnügen suchen, sondern daß Sie mit ihm zusammen *nach gemeinsamer körperlicher Entfaltung streben.* Und deshalb sage ich es noch einmal: *Man braucht Zeit.*

Die kurzen Begegnungen führen zu keinem wirklichen Gleichgewicht, zu keinem echten Vergnügen. Erst die völlige Vertrautheit mit dem andern, die sich nach dem ersten tiefen Kennenlernen in gemeinsamen Nächten erneuert, in denen Sie aneinandergeschmiegt die Intimität des Zusammenseins erleben, schenkt Ihnen beiden *die Lust, den Gleichklang und die Sicherheit.*

Denn man erreicht die Lust nur, wenn der Geist beschwingt und ganz an ihr teilnimmt. Wenn die Gedanken von Angst, Unsicherheit, Sorgen, Vorurteilen und Illusionen belastet sind, kommt es nicht *zur fröhlichen und gemeinsamen Lust.* Es kommt allenfalls zu einer heftigen, angstvollen, morbiden oder künstlichen Befriedigung, die nicht *zur Entspannung der Körper, zur Freude des Geistes* führt. Das Gelingen der Liebe hängt also ab von der Aufrichtigkeit, der Dauer, dem Willen, der Klarheit, dem Respekt vor dem anderen und der Sorge für ihn. Sie müssen nach dem anderen fragen, müssen begreifen, warum er sich verweigert oder entzieht, warum er sich verkrampft oder impotent wird.

Sie müssen ihm Mut machen. Ihre Zärtlichkeit kann ihn beruhigen, ihm helfen, seine tiefsitzenden, durch Erziehung, Milieu und negative Erfahrungen verursachten Ängste zu überwinden.

> Denken Sie nach über den Menschen,
> den Sie lieben.
> Achten Sie genug auf seine Bedürfnisse?
> Können Sie sich wirklich vorstellen,
> was er spürt und begehrt?
> Sind Sie wirklich immer bereit,
> mit ihm zu teilen?
> Sind Sie immer aufrichtig?

Aufrichtig – das ist vielleicht in der Liebe das wichtigste Wort! Aufrichtigkeit bedeutet ja nicht einfach, alles zu sagen – ganz gleich, wann oder wie –, was einem in den Sinn kommt. Denn das, was Ihnen spontan in den Sinn kommt, ist wahrscheinlich gar nicht das Wichtigste und Beständigste von Ihnen. *Worte können den anderen verletzen und die Liebe töten.* Achten Sie also auf Ihre Worte, ob sie wirklich Ihren Gedanken entsprechen, oder ob es sich um oberflächliches Gerede handelt, einer Laune entsprungen, um sich aufzuspielen, den andern zu ärgern, um zu sehen, wie er reagiert.

In Ihren Beziehungen zu anderen Menschen sollten Sie immer darauf achten, nicht zu verletzen. Werden Sie nicht – auch nicht unfreiwillig – aggressiv.

Wenn Ihre Laune, die ja so viele Ursachen haben kann, auch äußere Ursachen wie Lärm, Überarbeitung und Müdigkeit – wenn Ihre Laune Sie zur Konfrontation mit den anderen treibt, wenn Sie spüren, daß Ihre psychische Energie Ihnen entgleitet und zur Waffe gegen andere wird, dann sollten Sie *allein bleiben.*

Lernen Sie
HERR IHRER SELBST
zu sein.
Entwickeln Sie den Willen zur
SELBSTBEHERRSCHUNG.
Jedes Wort, das Sie aussprechen, kann
VERLETZEN.
Vergessen Sie nicht:
**LIEBE UND FREUNDSCHAFT
SIND VERLETZLICH.**

Trennen Sie sich von den anderen, entspannen Sie sich, wenn der Zorn Sie wütend gegen einen anderen Menschen treiben will und Sie zwischen sich und ihm nur noch Gehässigkeit spüren. *Bleiben Sie allein,* um sich zu beherrschen. *Entspannen Sie sich.* Atmen Sie so, wie ich es Ihnen beigebracht habe. Machen Sie einige Körperübungen, so daß sich Ihre vom Zorn verkrampften Muskeln entspannen und sich Ihre psychische Energie in Muskelenergie verwandelt. *Lenken Sie Ihre Heftigkeit in Bahnen,* gewinnen Sie Abstand zu sich selbst. Teilen Sie das Problem – wie ich es Ihnen beigebracht habe –, damit Sie vor kleineren und lösbaren Problemen stehen.

AUFRICHTIGKEIT
heißt nicht, sich treiben zu lassen in
HEFTIGKEIT oder ZORN.
Aufrichtigkeit bedeutet,
IN RUHE
zu betrachten, was zwischen zwei Menschen steht,
MITEINANDER darüber zu SPRECHEN,
um das Problem
ZUR SPRACHE
zu bringen und schließlich
ZU LÖSEN.

Man muß immer dem Herzen und der Intelligenz des anderen *vertrauen,* also versuchen, *im Gespräch zu klären und auszusprechen,* wo die Schwierigkeiten liegen.

Vergessen Sie nicht, daß *die Sprache* die Kraft und das Vorrecht des Menschen ausmacht. Schleudern Sie nicht irgendwelche Worte hin, sondern geben Sie Gründe an. Das gilt für *alle Probleme im Umgang mit anderen.*

Glauben Sie nicht, es gebe verbotene Themen, die körperliche Liebe müsse stumm sein, in Schweigen und Nacht gehüllt. *Sie müssen es wagen,* diese Fragen mit dem Menschen, den Sie lieben, zu besprechen. Die mögliche Schwierigkeit eines solchen Gesprächs ist der langsamen Verrottung, die eine unvollkommene Beziehung hervorruft, vorzuziehen.

Sie dürfen mit dem andern ruhig über Ihre Unzufriedenheiten sprechen, wenn sie existieren. Es ist nicht wahr, daß das Gespräch über die Probleme, die Ihnen die Liebe in ihrem körperlichen Ausdruck stellt, ihre Poesie zerstört. Was Sie wiederfinden müssen, ist die Freiheit des Ausdrucks, die Natürlichkeit Ihres Verhaltens. Sie müssen aufhören, Angst zu haben; es ist nötig, daß Sie und der andere, den Sie lieben, zwischen sich *Harmonie, Aufrichtigkeit, Wahrheit* walten lassen. Jeder von Ihnen soll in der Liebe sein *Gleichgewicht durch das Gleichgewicht des andern* finden.

Und Sie müssen sich um das Gleichgewicht und die Wünsche des andern kümmern, damit Sie selbst die Freude und das wahrhafte Gleichgewicht erlangen. Aber Sie müssen *dem andern helfen.* Das ist Liebe. Sie müssen, wenn Sie weniger gefangen sind durch Ihre Vergangenheit, durch Schüchternheiten, den *ersten Schritt zum andern hin machen.* Zeigen Sie sich mit unverhülltem Gesicht, sprechen Sie Ihre überwundenen Ängste aus und zeigen Sie, daß Sie verstehen, dem anderen *Sicherheit zu geben.* In zwischenmenschlichen Beziehungen, in der Liebe wie in der Freundschaft, und zuerst vielleicht in den körperlichen Beziehungen, ist das, was zählt, das Vertrauen, das zwischen zwei Menschen entsteht.

Man muß verstehen, sich in der Wahrheit seiner Wünsche zu zeigen.
Man muß sich selbst eingestehen, was man begehrt. Man muß es dem andern gestehen. Man muß die Gewohnheiten von Scham und Angst, die in uns seit unserer Kindheit verankert sind, vertreiben. Man muß den Mut haben, man selbst zu sein. Aber deshalb darf man nicht *den gegenwärtigen Moden folgen,* die die körperliche Liebe zur seelenlosen Gymnastik machen. Die Liebe ist keine Serie von gelernten, wiederholten Techniken.

> Jedes Paar muß ERFINDEN,
> SEINE EIGENE GESCHICHTE ERSCHAFFEN.
> Jedes Paar muß seinen
> EINZIGARTIGEN GESANG
> ENTDECKEN UND SCHAFFEN.

Unter dieser Bedingung allein findet ein Paar sein Gleichgewicht, und jeder Partner findet in der Beziehung zum anderen Frieden, Harmonie.

Aber dafür muß man *sich geben, hingeben,* sein Vertrauen geben, mit Aufrichtigkeit und ohne Vorbehalt geben. Wagen Sie, mit dem andern zu sprechen.

Dann findet das Begehren seinen Weg, dann entstehen die Gesten natürlich und schön. Dann entsteht aus der Lust Zärtlichkeit und umgekehrt. *Aber das setzt Vertrauen voraus,* Verständnis.

Und ich finde es schön, daß der Mensch die wirkliche und wunderbare Lust der Liebe nur erreicht, wenn er liebt, wenn sein Geist und sein Körper eins sind. Wenn er zwischen sich und dem andern eine aufrichtige, selbstlose, tiefe und lange Beziehung herstellt.

Warum wollen Sie diese Seiten nicht dem Menschen zu lesen geben, den Sie lieben oder eines Tages lieben werden? Das wird ein Weg sein, um ihm verständlich zu machen, daß er sich wie Sie *der Aufrichtigkeit und der Einfachheit öffnen muß.*

Denn die Liebe ist einfach, unmittelbar. Das, was sie schwierig macht, sie manchmal zerreißt, sind unsere Gewohnheiten, der Druck, den die andern, die Moden auf uns ausüben. Sie müssen also *die Einfachheit der Beziehung* zwischen den Menschen *wieder lernen.* Sie dürfen zwischen sich und das geliebte Wesen niemals auch nur einen Hintergedanken, einen Zweifel und keinesfalls die Doppeldeutigkeit einer Lüge treten lassen.

Ich weiß, freie Sitten sind Mode. So viele Bücher, die ich lese, so viele Filme, die ich sehe, sagen, daß man in der Liebe den Partner wechseln, mehrere Leidenschaften zur gleichen Zeit erleben kann. Ich weiß nicht, was davon auf

Sie zutrifft. Ich will nicht der Richter unserer heutigen Sitten werden. Aber ich habe Erfahrungen mit den menschlichen Beziehungen. Denn ich habe in den schwierigsten Situationen, in den verschiedensten Menschengruppen gelebt. Ich habe geliebt. Und ich weiß, *daß man nicht gut auf der Lüge aufbauen kann.*

Was schlimm ist, wenn man seinen Partner »betrügt«, ist nicht der körperliche Akt als solcher, sondern die Täuschung, die man dabei oft praktiziert. Und Sie wissen es, der Körper ist nicht vom Geist getrennt. Beide bilden *die Person.* Und wenn Sie derjenigen oder demjenigen, mit dem Sie leben, diesen oder jenen Akt Ihres Lebens verheimlichen, wenn Sie nicht ein »offenes Spiel« spielen, dann werden allmählich, ohne daß Sie sich Rechenschaft darüber ablegen, Ihre Beziehungen undurchsichtig wie spiegelnde Scheiben, durch die kein Bild dringt. Sie und der Partner werden einander fremd.

Vielleicht wird es eines Tages einigen gelingen, oder es gelingt einigen vielleicht jetzt schon, in *Wahrheit,* in Einfachheit mehrere Liebesbeziehungen zu haben. Aber sie müssen achtgeben: Es ist sehr gut möglich, daß diejenigen, die sie lieben, nur vorgeblich, nur als »Opfer« der Mode oder aus Rücksicht auf die Wünsche des andern bei diesem Spiel mitmachen. Und es wird der Zeitpunkt kommen, wo das Ressentiment, der Zorn und manchmal die Rache ausbrechen. Und auch die Gewissensbisse.

Ich glaube, daß es *einfach ist, zu lieben. Man muß dem andern das geben, was er erwartet.* Das ist das einzige *Mittel, zu empfangen, was man erhofft.*

Und dann muß man *wollen, daß die Liebe dauert.* Wenn Sie Tag für Tag zulassen, daß die Widrigkeiten der Zeit und der äußeren Umstände Ihr Handeln beeinflussen, läuft Ihre Liebe Gefahr, verletzt zu werden. Jeden Tag nur eine winzige Verletzung – und der andere wird ein Fremder! Sie werden das Gefühl haben, in eine Beziehung eingesperrt zu sein, die nur noch die Gewohnheit aufrechterhält.

MAN MUSS JEDEN TAG
DIE LIEBE NEU ERFINDEN.
SIE MÜSSEN DER LIEBE
ZEIT GEBEN.

Denken Sie nach: Sie opfern Ihrer Arbeit oder Ihrer Unterhaltung, der Lektüre oder dem Fernsehen Stunden um Stunden.

Denken Sie nach:
WIEVIEL ZEIT
HABEN SIE DEM ANDEREN GEWIDMET,
DER LIEBE?
Sie ist doch das, was Sie am meisten brauchen.

In unserer so sehr auf Leistungsfähigkeit und Glücksstreben ausgerichteten Gesellschaft vergessen die Menschen unbegreiflicherweise, daß *für die Liebe Zeit notwendig* ist, so notwendig wie *zum Glücklichsein.*

Sie sollten jetzt aufhören zu lesen.
Sie sollten jetzt nachdenken über
IHRE BEZIEHUNGEN ZUM ANDEREN.
Achten Sie genügend auf ihn
und also auch auf sich selbst?
Haben Sie begriffen, daß
DAS WICHTIGSTE IN IHREM LEBEN
nicht die angehäuften Güter sind,
weder der Erfolg
noch das Geld,
noch der Stolz, erreicht zu haben,
was man wünschte?
DIE LIEBE
IST ATEMLUFT UND LEBENSSAFT.
Ohne sie,
ohne die lebendige und wahre Beziehung
zum anderen,
SIND SIE IN DER WÜSTE.
Was spielt es da
noch für eine Rolle, ob Sie
viele Dinge besitzen?

Schließen Sie das Buch.
Denken Sie nach:
GEBEN SIE DEM ANDERN,
WAS SIE SELBST BRAUCHEN:
LIEBE!
NEHMEN SIE SICH ZEIT ZU LIEBEN.

Ich sage Liebe, ich hätte auch sagen können Freundschaft. Auch wenn dabei die Beziehung zum andern nicht
ganz so stark ist – *Freundschaft* ist so notwendig wie die
Liebe. Sie ist eine ihrer Formen, keine schlechtere, nur
eine andere. Wie oft habe ich Männer und Frauen ohne
Freunde gesehen, verloren wie Waisenkinder in der Menge und im Leben. Und ich habe im Gegensatz dazu
andere gekannt, die mit Schwierigkeiten konfrontiert
worden sind, die sie nur gemeistert haben, weil Freundschaft sie unterstützt hat.

Ich erinnere mich an meine Freunde während des Krieges, von denen ich in meinem ersten Buch erzählt habe.
Sie waren meine große Familie. Wir haben Seite an Seite
gekämpft, und einigen von ihnen hat das Schicksal erlaubt, zu überleben – bis auf den heutigen Tag. Ich sehe
sie wieder vor mir. Sie sind das Band zwischen Gegenwart
und Vergangenheit. Die unzerstörbare Kette, die uns
eint, ist die der Freundschaft.

Was für die Liebe gültig ist, gilt auch für die Freundschaft.
Wieviel Zeit widmen Sie denen, die Ihnen lieb sind?
Können Sie ihnen zuhören? Können Sie sie so betrach-
ten, daß Sie wirklich entdecken, wer sie sind, was sie
empfinden, welche Schwierigkeiten sie haben?
Geben Sie ihnen das, was Sie selbst so sehr brauchen?
Nämlich: Zuneigung, eine hilfreiche Hand in der Stunde
der Not, das Schweigen des Einverständnisses, die Stim-
me der Ermutigung, die Mitfreude im Glück, die Kraft im
Leiden?

Halten Sie noch einmal im Lesen inne.
Denken Sie an Ihre FREUNDE:
Akzeptieren Sie sie wirklich
so, wie sie SIND?
Können Sie ihnen wirklich
ZUHÖREN?
Sind Sie frei von allen
Hintergedanken?
Sind Sie in der FREUNDSCHAFT
GANZ SIE SELBST?
Hören Sie auf zu lesen.
Denken Sie nach.

Stimmen Sie mir zu, wenn ich sage, daß man einen Mann oder eine Frau kennt, wenn man ihre Bekannten, ihre Freunde getroffen hat? Sie sind wie Spiegel, die die verschiedenen Aspekte einer Persönlichkeit widerspiegeln. Wo Freundschaft existiert, wo sie schön, warmherzig, alt und wahr ist, da ist sie das positive Bild eines positiven Menschen. Wo keine Freundschaft existiert oder wo sie hohl und falsch ist, da ... – Lassen wir das.
Denn in der Liebe wie in der Freundschaft gibt es nur eine Quelle: MAN SELBST. Wenn man selbst nicht im Einklang mit sich ist, wie mit den andern in harmonische Beziehungen treten? Wie, wenn man *sich selbst gegenüber nicht offen ist, sich den andern öffnen?*
Wie, wenn man *sich selbst* nicht *verstanden* hat, *die andern verstehen?*

Der Mann, von dem ich Ihnen erzählt habe, der immer leise wiederholte: »Ich hasse sie alle«, und so die andern unterschiedslos verfluchte, wer war er, wenn nicht ein armer Mann, der sich selbst verabscheute und seine Lage haßte?

Denn *die psychische Energie,* die man auf die andern ausstrahlt, kommt, wenn sie *positiv* ist, *positiv* zu Ihnen zurück. Wie das Licht, das im Spiegel funkelt. Aber wenn Ihre *psychische Energie negativ ist, mit Haß, Eifersucht, Neid, Rivalität* beladen, wie sollte sie sich nicht *gegen Sie* wenden und *Sie treffen,* eine Energie, die Sie ausgestoßen haben und die zu Ihnen zurückkehrt, Sie schlägt, weil Sie selbst zerschlagen wollten.

Denken Sie daran.

Man muß auf die *andern eine positive psychische Energie* ausstrahlen wollen. Und das ist die der wahrhaften Freundschaft und der Liebe.

Seien Sie friedfertig, und Sie werden friedliebende Menschen treffen.

Ich weiß. Manche, die grausame Erfahrungen gemacht haben, werden mir das Beispiel von friedliebenden Menschen entgegenhalten, die von Wölfen erwürgt worden sind. Ich habe das gekannt. Während des Krieges, in der Stadt, die eine Falle war, wo wir zusammengepfercht waren wie Tiere, die für den Schlachthof vorbereitet werden, weigerten sich Männer zu kämpfen. Heilige unter Henkern! Und sie starben. Ich gehörte zu denen, die es vorzogen zu kämpfen. Ich bedaure es nicht und habe es in meinen vorhergehenden Büchern erklärt. Ich habe auch gelernt, daß es einen Augenblick gibt, wo man aufhören muß zu sprechen, weil nur die Taten zählen. Und es ist manchmal notwendig, wie es der Chirurg macht, dem Menschen, unserem Bruder, einen verfaulten und ansteckenden Teil von ihm selbst zu amputieren. Aber ich spreche hier von individuellen Beziehungen, von Menschen, die man um sich hat, von Menschen, die Ihnen nahe sind. Und ich wiederhole: *Wenn Ihre psychische Energie positiv ist, so werden Sie positive Energie empfangen.*

Ich habe schon gesagt, teilen ist vervielfachen.

Ich sage GEBEN IST EMPFANGEN.

Teilen, geben, das heißt: *mit dem anderen etwas erschaffen, für den andern, durch den andern,* der durch Sie, für Sie etwas erschaffen soll.

Deshalb ist die Liebe wie ein ergiebiger Baum, der Früchte tragen soll, Schöpfung des Paares, das kommt, um die Liebe zu stärken, ihr einen Sinn zu geben. Sie wissen schon, daß ich von den Kindern spreche. *Sie sind das Leben.*

Ich weiß, man sagt, daß es zu viele Menschen auf der Erde gibt, daß man die belohnen sollte, die sich entschließen, keine Nachkommen zu haben. Man führt Zahlen an: 7 oder 8 Milliarden Menschen im Jahr 2000 und dreißig Milliarden kurz danach! Ich weiß das alles. Ich bin kein Experte. Ich sage nur, daß es für einen Mann und eine Frau nichts Schöneres gibt, als Leben zu geben. Ich sage, daß eine Frau vor allem dazu geschaffen ist, Leben zu geben. Ich habe gesehen, wie meine Frau Dina sich veränderte, als sie unsere Kinder trug. Ich habe sie schöner, jünger werden sehen, ich habe gesehen, wie sich in ihrem Körper das Leben ausprägte und sich ihr Glück ausdrückte.

Ich weiß, daß es andere Arten gibt, um sein Gleichgewicht zu finden: Jeder muß seinen Weg wählen, frei, ohne dem Beispiel eines anderen zu folgen. Denn niemand ist ein Modell, das man nachahmen sollte, nur ein Beispiel des Lebens, über das man meditieren, nachdenken kann. Aber jeder Mann und jede Frau müssen wissen, wenn sie sich füreinander entscheiden, daß das Leben geben – es in sich tragen, wenn man eine Frau ist – die bedeutendste, die wesentlichste Aufgabe ist, die einem menschlichen Wesen gestellt wird.

Ich begreife es, daß man sich dieser Freude und dieser Verantwortung beraubt und sie zurückweist. Jeder muß, ich wiederhole es, seinen Weg finden. Aber man muß die Augen offenhalten für das, was dieser Verzicht bedeutet.

Zu wissen, daß allmählich die Familie, in der man zu Hause war, verschwindet, daß die Eltern, die uns bis zum Erwachsenenalter begleitet haben, sterben und daß man allein bleibt mit seinen Erinnerungen, die man nicht mehr teilen kann! Und wenn man keine neue Familie geschaffen hat, wenn man einsam geblieben ist – und ich bin es heute –, ohne ein Kind, das man bis zum Erwachsenenalter führt, dann ist dieser Weg hart zu gehen.

Denn der alte Mensch braucht das Kind.

Nicht um der materiellen Hilfe willen wie in der Vergangenheit. Sondern weil man, wenn der Lebensabend kommt, fühlen muß, daß sich das Leben in einem andern Wesen erhebt wie die Morgensonne.

Ich weiß, es gibt zahlreiche Mittel, solidarisch mit dem Leben zu sein, selbst wenn das eigene schwindet und sich erschöpft. Man kann sich eine Aufgabe stellen. Ich erinnere mich an den wunderbaren Buchhändler einer kleinen Stadt mitten in Frankreich. Witwer ohne Kinder. Ich trat eines Tages am Spätnachmittag bei ihm ein. Seine Buchhandlung war voll von jungen Leuten, die miteinander sprachen. Es war eine kleine Buchhandlung, aber das Leben war dort gegenwärtig durch die Neugier aller dieser Jungen, dieser Kunden, von denen man annehmen konnte, daß sie Freunde waren. In einem Keller hatte er Kunstbücher untergebracht, die man durchblättern konnte. Ein Maler stellte dort seine Gemälde aus. Ich habe mit diesem Buchhändler zu Abend gegessen. Ich erinnere mich an seine Worte: »Ich habe keine Kinder; jedes der Bücher, das ich liebe, versuche ich den andern mitzuteilen. Ich versuche die Bücher ausstrahlen zu lassen. Ich möchte, daß meine Buchhandlung wie ein Spiegel sei, von dem aus die Strahlen der Sonne sich verteilen.« Ich begriff die Schönheit dieses Berufs, wenn er so aufgefaßt wird, als Kulturmission. Und ich entdeckte einen Mann, der, obwohl er allein war, verstanden hatte, ein Gleichgewicht zu finden und in Kontakt mit dem neuen Leben zu bleiben. Zahlreich sind die, denen es so

gelingt, auch ohne Kinder der Welt gegenüber offenzu-
bleiben. Und andere, die Kinder haben, schließen sich im
Gegenteil ein, lassen zu ihren Söhnen oder Töchtern
negative psychische Energien ausstrahlen. In dem Buch
»Des Lebens Ruf an uns wird niemals enden« habe ich
schon geschrieben: »Die Kindheit ist ein aufspringendes
Wasser. Es tränkt den künftigen Mann, es kann ihn
ertränken. Mit diesem Wasser seines Ursprungs wird der
Mensch sein Leben durchwandern. Seinen Durst daran
stillen. Oder sich vergiften. Die Kindheit muß behütet
werden.«
Aber zu viele Eltern betrachten ihre Kinder unter dem
Aspekt ihrer eigenen Probleme und fixen Ideen.

Sie selbst – und Sie müssen es jetzt wissen, da ich Sie
darum gebeten habe, Ihre Vergangenheit zu befragen –
Sie waren vielleicht durch Ihre Umgebung schwer mit
negativer psychischer Energie beladen. Sie haben Jahre
gebraucht, es zu begreifen, und Sie sind noch nicht völlig
frei davon. Sie sind in Ihrer Kindheit geliebt worden.
Aber vielleicht sind Sie falsch geliebt worden, in eine
Liebe eingeschlossen, die Sie von der Welt abschnitt. Es
wurden Ihnen falsche Vorstellungen über die anderen
Menschen vermittelt, sie wurden Ihnen als Rivalen dar-
gestellt. Vielleicht sind Sie, weil Sie eine negative psychische Energie erhielten, dazu geführt worden, selbst negative psychische Energie auszustrahlen.
Und Sie haben vielleicht selbst die Tendenz, Ihren Kindern *Fluten von negativer psychischer Energie* zuzuleiten.

Fragen Sie sich:
Sind Sie sicher,
die, die Sie lieben, nicht
negativ zu belasten?
Sind sicher, daß das Klima,
mit dem Sie Ihre Kinder umgeben,
POSITIV ist?
Übermitteln Sie ihnen nicht
IHRE UNRUHE!
Übermitteln Sie ihnen nicht
IHRE KÜMMERNISSE!
SEIEN SIE FÜR SIE DER FRIEDEN.
SEIEN SIE FÜR DIE, DIE SIE LIEBEN,
DIE FÜLLE.

Das ist nicht einfach. Und Sie müssen zuerst *Harmonie mit sich selbst finden.* Sie müssen Ihre psychische Energie *orientieren,* damit sie Ihnen *ersprießlich* sei, dann wird sie auch ersprießlich für andere sein.

Sie müssen mit *denen, die Sie umgeben* – Kindern oder Lebensgefährten –, *einen Kreis positiver Energie erschaffen.* Daß jeder von ihnen dem andern eine glückliche Kraft sende. Warten Sie nicht, daß der andere beginnt. *Sie sind ein Ursprung.* Beginnen Sie positiv zu sein. Verzichten Sie auf die negativen Worte, die Ihnen einen Teil von Ihnen selbst entreißen.

Sie selbst, Ihre Gedanken, Ihre Träume, Ihr Leben, IHR BUCH

Nun nähern wir uns dem Ende der geschriebenen Form unserer Unterhaltung. Ich habe mit Ihnen gesprochen. Ich habe Ihnen gesagt, was ich dachte und was ich hoffte. Und Sie haben geschrieben, hier, jedes Mal, wenn ich aufgehört habe, eines dieser Themen zu behandeln, was Sie beschlossen, was Sie träumten, was Sie fühlten. Ich möchte gerne, daß Sie auch hier noch schreiben: das, was Sie tun wollen, damit die Liebe Sie umgibt und die umgibt, die Ihnen teuer sind. Sorgen Sie dafür, daß jedes Wort nicht nur eine Folge von Buchstaben bleibt, sondern daß es aus dem innersten, dem tiefsten Kern von Ihnen komme. Und es zu schreiben wird dann eine BEFREIENDE ANSTRENGUNG SEIN. EINE ENERGIE, DIE SIE MIT MACHT UNTERSTÜTZEN WIRD *und auf positive Weise Ihre Botschaft zum andern bringen wird.* Schreiben Sie . . .

_____

_____

_____

_____

_____

15. Zur Fülle des Lebens gelangen

Wer lehrt Sie zu leben?
Wer lehrt Sie zu lieben?
Wer lehrt Sie, sich selbst zu erkennen?
Wer lehrt Sie die Geheimnisse Ihrer Zukunft?

Auf unseren Schulen und Universitäten wird Ihnen und Ihren Kindern der Kopf vollgestopft mit wichtigen Tatsachen: Man lernt Physik, Chemie, manchmal noch Latein, und natürlich Mathematik. Warum aber lernt man niemals, wie man mit sich selbst und mit anderen Menschen umgehen muß, um Harmonie zu erleben? Warum bleibt das Wichtigste im Schatten?

Wir sind wie Autofahrer, die alles über ihren Wagen wissen, die in der Lage sind, die Zahl der Schrauben und Bolzen zu nennen, den Motor auseinanderzunehmen, die sogar die Zusammensetzung des Karosserielacks kennen, die jedoch vom Fahren keine Ahnung haben. Steuerrad? Bremse? Gaspedal? Straßenverkehrsordnung? Das sind für sie fremdartige, unbekannte Ausdrücke. Sie wissen noch nicht einmal, daß es überhaupt Straßen gibt, und kommen schon gar nicht auf den Gedanken, sich zu überlegen, wohin die denn führen!

Genauso sind wir – mit unseren präzisen und nützlichen Kenntnissen über zahlreiche Dinge und unserer hartnäckigen Ignoranz gegenüber den wirklichen Lebensfragen. Wir laufen als Blinde herum; dabei brauchte man sich nur umzusehen: so viele Leben, die scheitern, so viele Irrtümer, so viele Unglücksfälle. Man braucht nur an die Geschichte der Menschen zu denken: an die Ungeheuer mit Menschenantlitz, an die Frechheit der Henker, an die immerwährenden Kriege.

Ich denke an die Länder um das Mittelmeer, an die feindlichen Brüder Araber und Israelis, die schon die Bibel als Ismael und Israel unterscheidet, an die Menschen, die einander so nah sind und die sich doch zerfleischen, an den Ursprungsort der großen Religionen, wo der Sand heute noch blutgetränkt ist und wo vielleicht morgen schon das Gemetzel von neuem beginnt.

Ich denke an die große Ungerechtigkeit auf unserer Erde: Hier fordert der Hunger jeden Tag seine Opfer, dort wirft man weg, was andere Menschen ernähren könnte. Dort treiben rivalisierende Machtansprüche die Völker in Kämpfe wie aus der Vorgeschichte. Hier, vor unseren Augen, wird auf der Straße ein Mensch vom anderen erniedrigt und beleidigt. Wir verstehen noch nicht zu leben.

Während des Krieges habe ich Dinge gesehen, die mich fast zur Verzweiflung gebracht haben. Und als ich eine Festung gebaut hatte, wo mir das Glück endlich geschützt schien, da hat mich das Unglück so hart getroffen, daß ich dachte, alles auf Erden sei sinnlos. Doch dann habe ich mich erinnert. Ich habe die Stimme meines Vaters gehört, der mir bei den kurzen und heimlichen Begegnungen inmitten der umzingelten Stadt so oft gesagt hat, die Hoffnung sei nicht vergeblich, daß die Menschen einmal lernen würden, ihr Leben zu meistern. Ich habe mich an meinen Onkel erinnert, der in den Kämpfen für die

Zukunft sein Leben gelassen hat. Und nach und nach lernte ich, jedem verzweiflungsvollen Bild den langen Zug derer entgegenzusetzen, die mit offenem Antlitz vorwärtsgeschritten sind, um inmitten der Hölle die Brüderlichkeit durchzusetzen. Und ich habe mich an das Stück Brot erinnert, das mir einer hingehalten hat, als ich fast am Verhungern war, an die Hilfe, die man mir, dem Unbekannten, gewährt hat, damit ich überleben könne. Deswegen spreche und schreibe ich.

Und Sie haben das verstanden, da Sie mir bis zu dieser Seite gefolgt sind, da Sie mir früher schon Ihre Unterstützung gewährt haben, indem Sie meine Bücher lasen und für sie eingetreten sind.

Bin denn nur ich allein es, der mit Ihnen spricht? Wenn ich nur meine eigene Stimme vernehmbar werden ließe, dann wäre sie schwach und ohne Echo. Wenn meine Stimme trägt, dann deshalb, weil ich in Ihrem Namen, im Namen derer, die mich lesen und mir antworten, spreche. Meine Bücher sind Ihre Bücher. Ich schreibe sie nicht, um der literarischen Mode zu folgen, sondern damit mein Herz zu anderen spreche und Ihnen das bringe, was ich – oft gegen meinen Willen – gelernt habe. Sie sind mir bis zu dieser Seite gefolgt, weil Sie gespürt haben, daß dieses Buch Ihnen helfen könnte, *mehr Sie selbst zu sein,* die Mechanismen Ihres Geistes besser zu durchschauen und zu verstehen, damit Sie sich bei der Verwirklichung Ihrer Wünsche auf ihn verlassen können.

> Dieses Buch ist IHR BUCH geworden.
> Bevor Sie nun fortfahren:
> Blättern Sie das Buch durch,
> das Sie gelesen haben.
> Hören Sie von neuem
> auf das, was ich Ihnen gesagt habe.
> Lesen Sie von neuem,
> was Sie selbst geschrieben haben,
> was Sie im Anschluß an meine Sätze
> über sich selbst gesagt haben.
> Blättern Sie das Buch durch:
> Sehen Sie nun den Weg,
> den Sie
> ZUSAMMEN
> mit mir
> zurückgelegt haben?

Wohin führt der Weg?
Zur Fülle.
Die Fülle – das ist der Zustand der Ganzheit, des Vollbesitzes der Kräfte und der vollen Entfaltung.
Das heißt: Sie können Sie selbst sein – mit allen Ihren Kräften, mit Körper und Geist.

Sie müssen zunächst auf das Gleichgewicht in Ihrem Körper achten. Aber um dieses Gleichgewicht zu erreichen, diese freudespendende Harmonie, müssen Sie Ihren Körper *mit Geist und psychischer Energie* tränken.

Sie müssen bewußt atmen, um Ihren Körper zu befreien und zu reinigen. Sie müssen laufen und Ihre Muskeln entspannen. Sie müssen über den Baum Ihres Lebens wachen und dürfen Ihren Körper nicht mit überflüssiger und ungesunder Nahrung belasten.

Schlagen Sie die Seiten mit den
WESENTLICHEN ÜBUNGEN,
von denen ich gesprochen habe, wieder auf.
Haben Sie diese Übungen gemacht?
Sind Sie von ihrer
NOTWENDIGKEIT
wirklich überzeugt?

Einer der Wege, auf denen Sie zur Fülle gelangen können, ist, *Ihre psychische Energie wieder in Gang zu setzen* und so Ihrem Körper neue Kräfte zuströmen zu lassen.

Fragen Sie die, die Sie lieben, und denken Sie an sich selbst: Der Schlaf ist der Frieden, der Ihnen jeden Tag gewährt wird. Aber wie groß ist die Zahl derer, die ihn nicht finden. Ihre psychische Energie erschöpft sich, weil sie sich niemals erneuern kann; sie gleichen leeren Brunnen, die dennoch fließen sollen. Millionen von Männern und Frauen leiden Nacht für Nacht unter dieser quälenden Krankheit unserer Zeit: der Schlaflosigkeit.
Ihnen wird die Fülle nicht geschenkt. Es gibt kein schlimmeres Leiden als Schlafmangel. Das habe ich erfahren in

den Monaten nach meinem Unglück. Meine Nächte waren endlos, ich lag ausgestreckt da, preßte mein Ohr an ein brüllendes Radiogerät, um meinen schreienden Schmerz zu übertäuben, der unerträglich war. Denn in der Nacht vertieft sich das Leid, es schneidet ins Herz, immer tiefer und unaufhörlich im Gleichmaß der verfließenden Zeit.

An diese Nächte werde ich mich immer erinnern. Und wie viele Menschen kennen ähnliche! Alle, die voller Angst den Abend hereinbrechen sehen – Sie kennen gewiß solche Menschen! – mit dem Schrecken dessen, der weiß, daß er nicht einschlafen können wird, daß er sich ruhelos unter der Bettdecke hin und her wälzen wird, um schließlich aufzustehen, wieder einmal zu unterliegen und die Beruhigungstabletten zu nehmen, die zwar den Schlaf bringen, aber kraftlos machen. Und am nächsten Abend fängt alles von vorn an, und manchmal muß man die Dosis erhöhen.

Ich verurteile die Pillen, ganz gleich, welche Farbe sie haben oder welchen Namen sie tragen. Manchmal, das gebe ich zu, sind sie in einer Periode schwerster Krise notwendig. Aber es gibt Millionen Menschen, die sie jeden Tag nehmen, um in das so natürliche und wesentliche Reich des Schlafs zu gelangen. Dabei bekämpfen sie nicht die Ursache des Übels, sondern nur seine Symptome.

Schlaflosigkeit ist in der Tat nur ein Zeichen: für zuviel Anspannung, zuviel nervöse Erschöpfung, zuviel Angst; für den Verlust des natürlichen Gleichgewichts von Körper und Geist, für die Entfremdung von der Natur, die doch auch zu schlafen weiß.

Wenn Sie die Fülle erreichen wollen, müssen Sie den Schlaf wieder erlernen.

Das ist, als ob ich sagte: Wer ernten will, muß das Land bewässern.

Der Schlaf tränkt unseren Körper mit frischen Kräften und erneuerter Energie.

Aber um wieder Schlaf zu finden, muß man ihn zuerst wollen. Damit der Schlaf kommt, ist eine bewußte Anstrengung des Willens notwendig, sofern er nicht mehr durch die natürliche Reaktion auf die Ermüdung ausgelöst wird. Denn wir haben durch die Hektik unseres Lebens selbst die Bremse gelöst, die unserem Körper ermöglicht hat, zur Ruhe zu kommen, sich vom Schlaf übermannen zu lassen. Heutzutage werden wir immer aufgedrehter: Wir putschen uns auf mit Zigaretten, Kaffee, Alkohol, alles mehr oder weniger leichte Drogen, und nach und nach verliert sich die natürliche Gewohnheit des Schlafens. Wir müssen sie wiederfinden. Wieder einmal entdecken wir, daß Körper und Geist einander bedingen und daß der Frieden des einen nicht ohne den Frieden und die Einwirkung des anderen zustande kommt. Hören Sie also schon früh am Abend auf, diese Drogen in sich aufzunehmen. Stopfen Sie sich nicht voll. Verzichten Sie abends frühzeitig auf das Fernsehen. Die Bilder wirken auf Sie wie Nadelstiche, die, ohne daß Sie sich darüber klar sind, Ihr Nervensystem reizen. Wie soll es danach einfach zur Ruhe kommen?

Stellen Sie Stille her – um sich herum, in sich selbst. Strecken Sie sich aus und entspannen Sie die Muskeln. Geben Sie sich Mühe – und es ist eine Mühe! –, Ihre Muskeln einzeln zu prüfen: die Bein- und Halsmuskeln, die Hand- oder Armmuskeln; machen Sie diese Selbstinventur, werden Sie sich jedesmal des betreffenden Muskels bewußt, lockern Sie ihn und entspannen Sie ihn.

Atmen Sie auch so, wie ich es Ihnen gesagt habe. Streben Sie nach Schlaf mit ganzem Willen. Füllen Sie gleichmäßig Ihre Lungen, zwingen Sie sich, zu lächeln, so daß auch Ihre Gesichtsmuskeln entspannt werden. Erfüllen Sie Ihren Geist mit positiven Gedanken und ruhigen Vorstellungen, träumen Sie schon vom Frieden, den Ihnen der Schlaf bringen wird. Träumen Sie, sagen Sie sich immer wieder, daß Sie schlafen werden und sich entspannen, daß Sie schon mit der Regelmäßigkeit eines Schlafenden atmen – und Sie werden schlafen.

Der Schlaf, den Sie regelmäßig finden, ist für Sie *die Voraussetzung der Fülle*.

Aber noch bleibt viel zu tun. Man muß den Boden bereiten und säen, bevor man erntet. Auch wenn Ihre körperliche Energie regelmäßig erneuert wird, haben Sie doch *nur erst Ihren Körper erfrischt*. Alles andere bleibt noch zu tun.

Sie müßten jetzt dieses Buch noch einmal lesen, um zu wissen, welche Mittel und Wege sie wählen sollen. Ich habe auf all diesen Seiten versucht, Ihnen zu helfen.

Schon früher habe ich gesagt: SIE MÜSSEN SICH SELBST ERKENNEN. Das heißt: das eigene Selbst mit seiner Vergangenheit, mit dem, was auf Sie einwirkt und Sie beeinflußt. Sie müssen wissen, woher Sie kommen, was Sie zu dem gemacht hat, was Sie sind. Auch das erfordert Anstrengung und Selbsterforschung. Deshalb habe ich Sie bis hierher geführt, deshalb habe ich von Ihnen verlangt zu schreiben. Sie sollen wissen, was Sie wollen, und verstehen, Liebe zu wecken: Indem Sie lieben, indem Sie sich anderen Wesen öffnen, lösen Sie sich aus den Zwängen und Ketten der Eifersucht und des Neides auf andere.

SIE MÜSSEN MIT FREUDE SICH SELBST ANNEH-MEN UND SIE SELBST SEIN, so wie das Leben Sie geformt hat.

Das bedeutet nicht, das, was Ihnen geschieht, kampflos zu akzeptieren. Mein ganzes Leben ist ein Kampf. Gegen die Henker habe ich mit nackten Händen gekämpft. Gegen die Verzweiflung habe ich mit Ihrer Hilfe ge-kämpft, indem ich die Stiftung Dina Gray schuf und diese Bücher schrieb, die nach und nach die Ihren werden, Kindern gleich, die heranwachsen, sich verändern und dennoch die eigenen bleiben.

Sie müssen kämpfen, aber zugleich *das Los des Menschen akzeptieren.* Er lebt nur einmal. Diese Lebenszeit müssen Sie voll ausschöpfen. Nicht dadurch, daß man – wie manche meinen – Empfindungen und Erfahrungen ver-vielfacht. Sie sind alle vergeblich, wenn sie nicht von Aufrichtigkeit und Wahrheit erfüllt sind.

Ein erfülltes Leben führen heißt Anteil haben an der Totalität der Welt.

EIN ERFÜLLTES LEBEN FÜHREN HEISST
IM GESAMTZUSAMMENHANG
DER WELT LEBEN.

Betrachten Sie die Menschen und die Welt, betrachten Sie die Sterne, die Pflanzen und alles, was lebt, betrachten Sie die Wolken, die vorüberziehen, betrachten Sie alles und lernen Sie mit Körper und Geist *mitzuschwingen und eins zu sein mit der Welt.*
Sie müssen *aus sich herausgehen,* denn das ist der beste Weg, *um zu sich selbst zu kommen.*
Sie müssen die Hände öffnen, denn das ist die beste Art, zu ergreifen. Geben ist Empfangen. Teilen ist Vervielfachen. Lieben ist Geliebtwerden.
Sie müssen sich *entschließen, sich der Welt zu öffnen,* offen zu sein für den anderen, für die Natur, für die Formenvielfalt des Lebendigen. Denn so wird DAS LEBEN IN SIE EINSTRÖMEN.

Es gibt im Universum mächtige Energien, die man verstehen muß in sich aufzunehmen. Diese Energien umschließen die Welt: Sie konzentrieren oder zerstreuen sich. Sie sind negativ oder positiv. Glauben Sie, daß eine große Hauptstadt mit mehreren Millionen Einwohnern, von denen jeder in seine Leidenschaften und seine Arbeit verstrickt ist, nicht ein besonderer Ort ist, ähnlich den Meeresgegenden, in denen Strudel entstehen? Dort gerät der Mensch in die Gefahr, hineingerissen zu werden. Dort muß er sich anstrengen, um sich den positiven Energien zu öffnen, die es auch gibt, unter der Oberfläche, und die man zuerst in sich selbst entdecken muß, im Zusammensein mit geliebten Menschen, außerhalb des Strudels der Stadt. Man muß wissen, daß um einen herum schwer zu beherrschende Strömungen aufeinandertreffen, die uns beeinflussen. In diesen Gegenden ist außerdem die Luft von Schmutz und Lärm erfüllt, von Säuren und Gasen, die nicht nur die Häuserfassaden, sondern auch den Körper und das Nervensystem des Menschen angreifen.

Sehen Sie sich um, blicken Sie in den öffentlichen Verkehrsmitteln, den U-Bahnen und Autobussen, den Männern und Frauen ins Gesicht, die im Dschungel der Städte wohnen. Um in diesen Städten die Fülle zu erreichen, braucht man einen *gestählten Willen, um den negativen Energien zu widerstehen und den positiven sich zu öffnen.* Denn die Versuchung ist groß, in einem derartigen Wirbel sich zu verkriechen und ein anonymer Teil der »einsamen Masse« zu werden.

Aber man darf sich nicht verschließen!

Ich ging heute nachmittag, bevor ich durch die Arbeit an diesem Buch wieder mit Ihnen in Verbindung trat, über einen der großen Pariser Boulevards. In der Zeitung hatte ich gelesen, daß auf der Place de l'Opéra der Lärm

stärker ist als der der Niagarafälle und die Luftver-
schmutzung innerhalb von vier Jahren um 35 Prozent
zugenommen hat. Und plötzlich in diesem Lärm ein
freudiger Rhythmus, eine leichte und klare Melodie: Auf
einer Bank saßen zwei junge Burschen mit geschlossenen
Augen, der eine spielte Banjo, der andere Klarinette, ihre
Füße bewegten sich im Takt, und die Musik klang fröhlich
und rein. Ich bin einige Minuten inmitten der Gaffer
stehengeblieben, lauschend, und fühlte, wie *positive
Energien* in mich eindrangen, mehr noch: wie ich von
ihnen geradezu durchdrungen wurde.
*Man muß offen sein für die Musik des Universums, man
muß diese positiven Energien aufnehmen können.*
Dann wird Ihr Leben immer von den Kräften der Welt
durchtränkt sein. Sie werden die Begeisterung kennenlernen. Sie werden nicht auf die engen Grenzen Ihres Körpers beschränkt bleiben. *Sie werden niemals altern.*
Altsein bedeutet eingeschlossen sein in sich selbst, Ge-
fangener seiner selbst, der eigenen Grenzen zu sein.
Es gibt junge Leute, die Greise sind. Aber wenn Sie der
Welt gegenüber offen sind, werden Sie nicht altern. Sie
werden *das Leben des Universums teilen und durch dieses
Leben getragen werden. Es wird Ihnen seinen Schwung
geben.* Und Sie werden sogar ohne Trauer die Vorstellung akzeptieren, daß die, die Sie lieben, und daß Sie
selbst eines Tages *im Universum aufgehen,* eine neue
Form des Lebens werden.
Der Tod wird für Sie nur *ein Gestaltwandel des Lebens*
sein.

Ich will weder von Religion noch vom Glauben sprechen. Jeder muß seiner inneren Stimme folgen, und das kann die Stimme des Glaubens wie des Unglaubens sein. Ich will keinen Unterschied zwischen Christen und Juden machen, auch nicht zwischen Andersgläubigen. Ich will nur von dem sprechen, was ich glaube. Die Meinen, die um mich waren, sind verschwunden. Ich kann sie nicht mehr in meine Arme schließen. Ich sehe meine Kinder nicht mehr laufen, und ich höre ihre Stimmen mich nicht mehr rufen, wenn sie abends einschlafen wollen. Und am Morgen beuge ich mich nicht mehr über ihre Betten, um sie zärtlich zu wecken. Sie sind für immer verschwunden – *und doch gegenwärtig.*

Sie sind die Energie, die mir innewohnt. Die Kraft, die ich habe, kommt von den Meinen, und ich schreibe im Namen all der Meinen diese Bücher über das Leben, ich spreche in ihrem Namen.

Und all die Tausende, die mir geschrieben haben, um mein Leid zu teilen, alle die, die mir sagen, daß die Meinen, dank der Worte, die ich niedergeschrieben habe, mit ihnen zu leben begonnen haben, alle diese Menschen, alle diese Energien tragen weiter dazu bei, die Existenz der Meinen auf dieser Welt fortzusetzen. *Solange ein Gedächtnis sich erinnert, geht das Leben weiter.*

Und ich werde mich immer erinnern. Und viele künftige Leser werden sich erinnern. Die Worte, die meinem Schmerz und meinem Verlust entsprungen sind, verwandeln sich in positive Energie, die denen zuströmt, die das Bedürfnis haben, Worte des Mutes und der Hoffnung zu hören. So schreibe ich aus meiner Erfahrung: »Des Lebens Ruf an uns wird niemals enden« – und was ich schreibe, hilft Tausenden von Menschen zu leben.

Wie könnte ich glauben, daß das Leben aufhört, wenn die Körper nicht mehr da sind? *Das Leben geht weiter,* mächtig und stark. Das Leben ist eine Energiequelle, und wenn diese Energie übertragbar ist, ist der Tod nur ein Gestaltwandel von Energie und Leben.
Diese letzte Umwandlung des Lebens durch den Tod müssen Sie akzeptieren. Denn es ist *das grundlegende Gesetz der menschlichen Gattung.*
Die Augen davor zu verschließen, es vergessen zu wollen oder so zu tun, als ob diese Umwandlung nicht stattfinden dürfte, das ist eine der zahlreichen Torheiten unserer Zeit.

Früher, auf dem Dorf – und ich habe solche Dörfer gekannt, als ich in Polen unter Bauern lebte – wußte jeder von frühester Jugend an, daß die Verwandlung des Lebens durch den Tod zum Leben selbst gehört, daß das Alter von Kindheit an in uns steckt. Jeder war dem hohen Alter und dem Tod benachbart. Jeder wußte, daß der Tag kommt, wo ein geliebtes Wesen verstummt. Heute weiß man nichts mehr davon. Heute schiebt man die Kranken und Alten, die Toten ab, verbirgt sie den Blicken. Man will *das höchste Gesetz* vergessen. Das ist die Verrücktheit unserer Zeit, denn der Tod, die große Verwandlung, kommt und trifft uns mitten ins Herz. Manchem gelingt es nie, zu akzeptieren, daß das geschieht, daß er unter uns ist und die Meinen wie die Ihren treffen kann.

Man muß es akzeptieren.

Man muß verstehen, daß es sich nur um eine *Umwandlung von Energie* handelt, daß unser Geist *die verwandelten Energien* bewahren kann und daß diese Energien keine schwere Last, sondern *Kraft* bedeuten.

Ich spreche, ich schreibe, ich bin aktiv, denn *die Meinen leben in mir:* auf der Welt für die Gegenwart gestorben – *aber voller Leben in meinem Gedächtnis und in meinem Handeln.* Und ich weiß auch, daß sie dank Ihrer Teilnahme leben, daß sie *lebendige Energie* geworden sind, die sich ausbreitet von Leser zu Leser, von Freund zu Freund als positive Energie.

Wenn Sie das akzeptieren, wozu ich nicht ohne Mühe gelangt bin: *die Verwandlung des Lebens im Tode,* wenn Sie Ihr Los als Mensch akzeptieren, wenn Sie mit ständiger Anstrengung darüber wachen, daß Sie *alle Ihre Möglichkeiten entfalten,* daß Sie nur Sie selbst sind, das aber *voll und ganz* bis an Ihr eigenes Ende... Wenn Sie darüber wachen, daß aus Ihrem Körper und Ihrem Geist eine *harmonische Einheit* wird, indem ein Teil dem andern gibt... Wenn *der andere für Sie vor allem ein menschliches Wesen* ist, das Sie *lieben* können und das Ihnen so viel *schenken* kann, dann werden Sie, wenn Sie so das Gesetz angenommen haben, dem der Mensch unterworfen ist, wenn Sie Ihren Platz im Universum gefunden haben, wenn Sie gelernt haben, die Energien zu empfinden und zu nutzen, die in Ihnen sind und die von anderen kommen – dann werden Sie *zur Fülle gelangen*. Das ist keineswegs ein Zustand. Das ist ein Entschluß, eine Eroberung, die Sie jeden Tag erneuern müssen. Jeden Morgen begießen Sie die Pflanze, die Sie gekauft haben. Sie wollen, daß sie leben und sich entfalten soll. Jeden Tag nähren Sie Ihren Körper.

> WARUM SOLLTEN SIE NICHT JEDEN TAG
> DARAUF ACHTEN,
> DASS SIE MEHR ZU SICH SELBST KOMMEN,
> DASS SIE SICH NOCH MEHR ENTFALTEN,
> DASS SIE DIE HARMONIE,
> DIE SIE AUGENBLICKSWEISE
> GESPÜRT HABEN,
> BEWAHREN UND ENTFALTEN?

Die Fülle des Lebens muß jeden Tag erobert werden. Sie müssen darauf achten, nicht von den negativen Energien, die uns umgeben, überflutet zu werden, und die in Ihnen selbst zu wachsen drohen, wenn Sie nicht darüber wachen, daß sie *in positive Energie verwandelt* werden. Sie müssen über sich wachen, über Ihre Worte, über Ihre Beziehungen zu anderen. Doch darf Ihr Leben nicht das eines besessenen Aufpassers sein, der, nur mit sich selbst beschäftigt, nicht mehr schwungvoll handeln kann. Im Gegenteil, Sie müssen *spontan* und lebhaft sein, Sie müssen auf die Welt und die Menschen zugehen. Ich bitte Sie einfach: Lassen Sie sich nicht von Ihrer Vergangenheit, Ihren Ängsten, Ihrer Unkenntnis über sich selbst einschließen und zurückhalten.

Lernen Sie Ihre Energien kennen, diese Schätze und Kräfte, die in Ihnen sind. Werden Sie Sie selbst.
Nehmen Sie das Leben an.
Achten Sie auf Ihren Körper, damit er in Bewegung bleibt und kein Hindernis für Ihren Geist wird. Körper und Geist müssen einander helfen.
Sprechen Sie. Schreiben Sie.
Tauschen Sie mit anderen Ihre Gedanken aus. Bleiben Sie nicht in sich selbst verschlossen. *Haben Sie Vertrauen.*
Lernen Sie sich selbst kennen, um die anderen zu erkennen.
Hören Sie den andern zu, damit Sie lernen, auf sich selbst zu hören.
Helfen Sie den andern, um sich selbst zu helfen.
Gehen Sie zu den andern, um zu sich selbst zu finden.
Allein sind Sie ohne Kraft – zusammen mit anderen setzen Sie Ihre Energien frei: sie sind unermeßlich.

Ich habe mit Ihnen gesprochen, weil ich das Bedürfnis hatte, mich selbst zu finden. Ich weiß, daß ich auch künftig mit Ihnen sprechen werde, denn ich habe noch vieles zu sagen, was durch Sie zu mir gedrungen ist. Zweifellos sind Sie beim Lesen – denn ich habe mich in diesem Buch ganz gegeben – zu einer Begegnung mit mir gelangt; aber Sie sind auch sich selbst begegnet.

Da nun die letzten Worte dieses langen Gesprächs nahen, möchte ich, *daß Sie sich dieses Buch zu eigen gemacht haben.* Ich wünsche, daß es Ihnen hilft, wie es mir geholfen hat. Denn ich weiß, daß die Energie, die es in sich trägt, Ihnen wohltun kann. Ich weiß, daß die Energie, die Sie bei der Lektüre entfaltet haben, wohltuend für mich und positiv für Sie sein wird. *So gehört das Buch uns beiden.*

Sie haben es mit mir zusammen geschrieben.

Sprechen Sie Ihrerseits davon, wenn Sie den Eindruck haben, es hätte Ihnen geholfen, mit sich selbst weiterzukommen. Reden Sie darüber. Stellen Sie es zur Diskussion. Verschließen Sie es nicht in sich. Verschließen Sie sich selbst nicht in sich. Gehen Sie auf Ihren Nächsten zu, sagen Sie zu ihm, was Freunde zu mir gesagt und was ich Ihnen geschrieben habe, sagen Sie zu ihm: »Sprechen wir von Ihrem Leben!« Erklären Sie ihm, wie er es vermag,

DIE KRÄFTE DES LEBENS ZU BEFREIEN.

Für alle, die mit Martin Gray in Kontakt treten möchten,
geben wir hier seine Adresse an:

Martin Gray
Domaine des Barons
F-83141 Tanneron
France

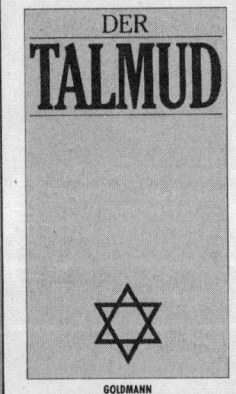
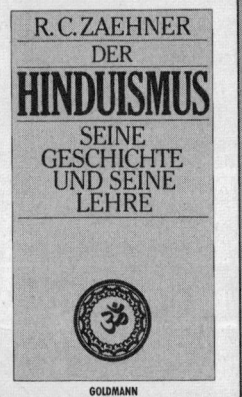